I0372122

www.ingramcontent.com/pod-product-compliance
Lightning Source LLC
Chambersburg PA
CBHW071446070526
44578CB00001B/234
9781989880258

لماذا أنا متخلف؟

Serial Number: 21174110022

Title: لماذا أنا متخلف؟

Sub Tittle: طرق علمية وعملية لكى تطور من نفسك باستمرار وتعيش حياة مخالفة للمألوف

Title in English: Why am I socially backwards?

Author: Mohammad Maash

ISBN: 978-1-989880-25-8

Metadata: Self-knowledge, personal improvement, psychology

Book Size: 8.26 X 5.82

Pages: 178

Canada Publish Date: June2021

Publisher: Kidsocado Publishing House

Kidsocado Publishing House
Vancouver, Canada

Phone : +1 (833) 633 8654
WhatsApp: +1 (236) 333 7248
Email: info@kidsocadopublishinghouse.com
https://kidsocadopublishinghouse.com

محمد معاش

لماذا أنا متخلف؟

بسم أجمل وأرحم إله في العالمين
بسم اللَّه الرحمن الرحيم

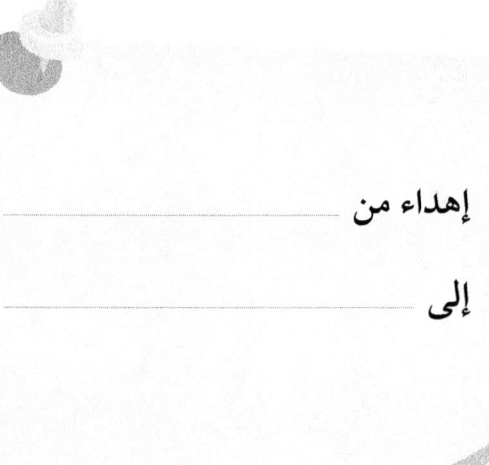

إهداء من ....

إلى ....

شكراً لأمي وأبي لاعطائي فرصةً للوجود في هذه الحياة
شكراً لأمي وأبي الآخرين لإعطائهم لزوجتي فرصة للوجود
في هذه الحياة

7

المحتويات

المقدمة ١٣
بين يدي هذا الكتاب.. ١٤
هدايا الكتاب.. ١٨
حديث مع القراء ١٩
كيف نتعامل مع هذا الكتاب: ١٩

الفصل الأول:
أَهْلاً بِكَ فِي عَالَمِ التَّخلُفِ ٢٥

قصَّتي ٢٥
آراء الناس ٢٨
العَهدُ الذَّهبي ٢٩
لكن هل حقاً أن هَمَّ الناس هو التفكير بنا؟! ٣٠
تحديث للنظام.. ٣٢
الدينار المميز والقاعدة الذهبية.. ٣٢
هل ستأكلها؟ ٣٥
الحلوى والزوجة.. ٣٧
الاستمتاع بشراء الحلوى الصغيرة.. ٣٨
حلوى الانتقاد ٣٩
اسوأ حلوى في العالم ٣٩

لماذا أنا متخلف؟

الفصل الثاني:
ليسَ لديَّ وقتٌ للتبرير ٤٣

قصة أرثر اش ٤٣
أنت في وسط الإعصار ٤٥
الأولويات ٤٦
الإهمال ٤٧
الإهمال بسبب الجهد ٤٩
الإهمال بسبب العناد ٥٦
الإهمال بسبب الخوف من الفشل والنجاح ٦٠

الفصل الثالث:
اصنع نفسَكَ بنفسِكَ ٦٧

الثقة بالنفس ٦٧
المسار العصبي ٦٨
التصور الذهني ٧١
المسارات العصبية المترابطة ٧٤
استعمله أو ستخسره! «Use it or lose it» ٧٥
العقول الثلاثة والتغيير ٧٧
- الدماغ البدائي ٧٨
- الدماغ العاطفي ٧٩
- الدماغ المنطقي ٨٠

المحتويات

الفصل الرابع:
كيفية عمل جهاز التحكم ٩٣

جهاز التحكم الذاتي ٩٣
خمسة أشخاصاً الذين حولك ٩٤
رفيق الدَّرب ٩٧
تحمل المسؤولية ٩٩
أحجر هو أم ذهب؟ ١٠٣
لماذا ينتقدنا المقربون لنا بالذات! ١٠٥
لماذا علينا تقبل الانتقادات؟ ١٠٥
كيف تصبح حارساً ممتازاً وتحصل على أفضل النتائج؟ ١٠٨
لا تكن رجلاً آلياً «روبوتاً»! ١١٧
إما مئة وإما صفر ١١٨
رؤى غير صحيحة عن الانتقادات ١٢٠
هل يمكن أن يكون الجميع عني راضيا؟ ١٢٣
السيطرة على الغضب ١٢٦
كيف نستطيع أن نقلل من وقوعنا في مستنقع الغضب؟ .. ١٢٨

الفصل الخامس:
الإختيار والإنتخاب ١٤٣

الوعي بالاختيارات ١٤٤
لا تستصغر أثر أي اختيار ١٤٩
ماذا نستطيع أن نختار ١٥١

لماذا أنا متخلف؟

إما أن تَنتَخِب وإما أن تَنتَخِب	١٥٢
السِّلاح السِّري	١٥٣
مصيدة الوقت	١٥٥
قاتل السعادة	١٦٠
الحديث الأخير	١٦٧
شكر وتقدير	١٦٩
المصادر	١٧١

إهداء للصديقة الكبرى فاطمة الزهراء «سلام اللّه عليها»

المقدمة

الحمد للّه القائل «وفوق كل ذي علم عليم»» والصلاة والسلام على رسوله القائل «لا يزال المرء عالماً ما طلب العلم، فإذا ظن انه علم فقد جهل.»

وعلى آله نبراس الهدى واصحابه الغر النجبا.

وبعد:

فما أحوجنا في هذه الأيام الى أن نقرأ كتب تطوير الذات، وأجد ان الفئة الهامة التي يستهدفها هذا الموضوع هي فئة الشباب، لأننا وللأسف الشديد لا نولي عناية واهتماماً لوضع مثل هذه الموضوعات في المناهج الجامعية، ونعمدُ الى زج الطلاب بتكثيف المنهج العلمي، دون النظر الى تطوير البنى النفسية والاجتماعية، لذلك أجدُ من المصلحة أن تدخل مثل هذه الموضوعات كمناهج مساعدة، وذلك لاسباب عديدة، منها: أن علينا إعداد جيل يتبنى القيم الاخلاقية الحميدة ويستلهم دروس الاخلاق من التراث الفكري البناء، معتمدين على دستور الاسلام «القرآن العظيم»، وسنة النبي ﷺ وسيرة أهل البيت عليهم السلام، والصحابة الكرام من الذين أحسنوا صحبة النبي، كذلك ننهل من تراث الامة العظيم، ولا بأس أن نطلع على تجارب الامم الاخرى على مر الدهور، فنستقي منها ما هو نافع، والسبب الآخر هو علينا أن نواكب تطورات العصر، فالاهتمام بالجوانب النفسية باتت ملحة جداً وتغذية الروح ملازمة لتغذية الجسد والعقل، فضلاً عن حاجتنا لتطوير مهاراتنا بازاء الصعوبات التي تواجهنا في حياتنا المادية والاجتماعية، واسباب اخرى كثيرة تكون بمجملها مدعاة لقراءة مثل هذه الكتب.

بين يدي هذا الكتاب

إن العنوان الاستفزازي للكتاب يجعلك تنجذب إليه بمجرد قراءته، وربما تتساءل هل هذه قصة ام رواية، ام ديوان شعر حداثوي، وهنا تحسبُ الإيجابية للمؤلف حيث نجح في سلب الانتباه لكتابه بطريقة استفزاز المتلقي الذي هو الآخر سأل نفسه «هل أنا متخلف؟» وهل ينطبق محتوى الكتاب على شخصيتي؟ فإذا قلبنا صفحات الكتاب وجدنا أن هذا المؤلف يحاول جاهداً أن يصبَّ جميع مواقف حياته في بوتقة الكتاب.

إن طريقة السؤال وتوجيهه للقارئ استغرقت كثيراً من الصفحات وهذه طريقة حاذقة من المؤلف لكي يُشعر القارئ أنه معه، بل يجره الى المساحة التي يريدها، وكأني به يتحدث الى مجموعة مقصودة من زملائه، فيتقمص دور المعلم و المدرس و الاستاذ في إلقاء محاضرة على تلاميذه.

أما إحالاته إلى روابط الكترونية للمشاهدة فهي اسلوب جديد آخر، وهو يكسر روتين تعب العين اثناء قراءة الكتاب، فكأني به قد اشفق على القارئ وأراد أن يريحه من تعب القراءة.

أما اسلوب المؤلف ولغته، فقد استخدم جاهداً ابسط التعابير ولم تكن لغته قويه بالمعنى الذي نحتاج الى تفسير معجمي او تحليل لغوي، وكما ذكرت سابقاً: هو يريد أن يصل الى اقناع القارئ بأن لا يترك كتابه، ففي كل مرحلة يبعث رسائل تشويق لما سيكتبه في فصل آخر، او يشير الى كلام ذكره في فصل سابق.

إذن:

نحن بحاجة الى تطوير مهاراتنا الاجتماعية والنفسية وان تحصيل العلم الذي يمكننا من ذلك امرٌ هامٌ وضروري، ويأتي هذا الكتاب كمحاولة واعدة للخوض في هذا المجال.

اللَّهم اجعل هذا العمل وسائر اعمالنا خالصة لوجهك الكريم انك نعم المولى ونعم النصير

البروفيسور الدكتور محمد شاكر الربيعي
رئيس المجلس الوطني للاعتماد الاكاديمي للكليات التربوية في العراق

الفصل رقم صفر

في البداية دعوني أبارك لكم! لأن التغيير يحتاج الى شجاعة وأنتم بحصولكم على هذا الكتاب اثبتم أنكم أناس طموحين، ومتميزين من باقي المجتمع ..

في عالم اليوم أصبح؛ ان تنعم بحياة عادية وروتينية أمراً طبيعياً للغاية، يأتي هذا الكتاب ويعطيكم بعداً جديداً لرؤيةِ العالَم، كما يُعطيكم الكثير من الطرائق العملية لكي تُحسِّنوا بواسطتها حياتكم و تكونوا متميِّزين في المجتمع، المجتمع الذي يرى أي تغيير نحو الأفضل بعنوان تخلف.

في مجتمع يودُّ الناس فيه أن يستمروا على أفعالهم، وعاداتهم القديمة، ويحصلوا منها على نتائج مختلفة.

لكنكَ بادرتَ وحملتَ الكتابَ وبدأتَ بقراءة أوَّل صفحة فأنت بالفعل قد بدأت بالتغيير!

نحن كبشر لدينا طاقات، وقدرات أكثر بكثير من سائر الموجودات، والتي قد ميَّزنا اللَّه منها، لكن هل استفدنا منها بأفضل ما يمكن؟ أم أننا قد قبلنا أن نكون أُناساً عاديين؟ في أي زمان ومكان من حياتنا قد نسينا القول المنسوب الى الإمام علي بن ابي طالبعليه السلام: وتحسبُ أنَّكَ جُرمٌ صغيرٌ *** وفيكَ انطوى العالَمُ الأكبرُ؟

هل استخدمت طاقاتك التي هي مستترة بداخلك، وأوصلتَ الجَّوانب المختلفة من حياتك إلى الحدِّ الأعلى التي يمكن لك أن تصلها؟ أم أنك قد رضيتَ بأقل من الشيء الذي تستحقه، وبدأتَ بتبرير ظروفك الحالية؟ أم أنك تريد أن تنهي هذه الأفكار، وتبدأ بصناعة أفضل حياة ممكن أن تحصل عليها؟

إذا كنَّا نستطيع أن نُعطي درجة لمقدار النجاح، والسعادة، ومقدار الوصول

إلى الأهداف التي نرغبُ أن نصلها، أو المكانة التي نكون فيها، في مختلف أبعاد الحياة من الصِّفر إلى عشرة، فجميعنا بالطبع نحب أن نصلَ إلى العشرة أو ما يُقاربها.

أليس كذلك؟ لم أر قط شخصاً، يقول: «لا أنا من ناحية السلامة أسعى أن أصل إلى الدرجة السابعة فلا أريد أن أكون سالماً للغاية، ويكون لي طاقة ونشاط كثير»، أو يقول: «أتعلمون في ناحية الارتباطات الاجتماعية أنا بمستوى «5» قانع، ويعجبني أن أتجادل مع الغير وأتلذذ بعدم وصولي إلى رغباتي، ولا أريد أن أكون سعيداً للغاية»

أنت مع التعلُّم تستطيع أن تكون من ضمن الأفراد القلَّة الذين لديهم حياة في قمَّة الروعة، والتي نستحقها جميعا، كالسعادة، والسلامة، والحرية، والحب، والنجاح، والمال.. أنت فعلاً تستطيع أن تحصل على جميعها وتنعم بها أيضاً.

هدايا الكتاب

بناء على أنني أردتُ أن تستفادَ أنتَ - القارئ العزيز - بأفضل صورة قد وضعتُ لك صفحةً خاصةً بهذا الكتاب في موقعي والذي فيه الكثير من المعلومات والشروحات، التي يمكنك تحميلها والاستفادة منها أينما كنتَ، ومتى أردتَ.

الرابط: https://mmaash.com/bookgifts/

حديث مع القراء

ليس مهماً ما هي الظروف التي تمرُّ بها حالياً، أكنتَ في أعلى درجات النجاح، أم كنت تقاتل من أجل العثور على طريق النجاح، أعلم أن لدينا وجه مشترك واحد على الأقل، فنحن نريد أن نُسعِدُ حياتنا ونطوِّر من مستوى أنفسنا، وهذا بالتأكيد ليس معناه أننا نعاني من مشكلة ما في أنفسنا، أو في حياتنا، بل نحن قد خُلقنا مع طاقة، ورغبة باطنية للتطور المستمر..

فالأشخاص الذين يبحثون عن النَّجاح، كتاب «**لماذا أنا متخلِّف؟**» سيوجد تحولات غير مسبوقة في حياتهم والذي سيأخذ بأيديكم «**في كيفية التعامل، والطرائق التي تقابلون بها التحديات**» إلى مستويات أعلى بكثير من السابق، إنه لفخرٌ أن أُشارك معلومات هذا الكتاب معكم، وقد وضعتُ كل جهدي لكي يكون هذا الكتاب بالفعل استثماراً في وقتك الثمين، وطاقتك الغالية، وشكراً لأنك قرَّرتَ مطالعة هذا الكتاب حتى تُحسِّن من مستوى حياتك، قراءة هذا الكتاب لن ياخذ من وقتك أكثر من تسعة ساعات، أي لك أن تقسِّمها إلى تسعة أيام، كل يوم ساعة قراءة فقط.

كيف نتعامل مع هذا الكتاب:

من الغريب أنه حينما نُريد أن نشتري أبسط شيء يكون معه كاتالوج «فهرست توضيحي، ودليل استخدام»، لكي يرشدنا خطوة خطوة، لكن حينما نشتري كتاباً والذي من الممكن أن يُغيِّر طريقة حياتنا بالكامل، لا يكون معه أي فهرست توضيحي لكي يُرشدنا كيفية استخراج اكبر قدر فائدة من الكتاب!

لهذا قد عزمنا على تجهيز هذه الفقرة من أجل أن تعرفوا كيف تتعاملوا مع الكتاب.

أتمنى - وكما قد ذكرنا في نهاية هذا الكتاب - أن تُرسل لنا آراءك التي تُهمنا كثيراً، والقصص والتحديات التي واجهتها في طريق تغيير حياتك الشخصية.

لكن الخبر السيء، هو أن الكثير من الأشخاص، وبدليل الكسل لا ينجح بمطالعة واتمام الكتاب!

وكما أنه كان لديَّ مطالعات في هذا الجانب، والتي سأذكرها لكم بتفصيل أكثر في الفصل الثاني، لكن دعوني الآن أذكر لكم - أحبائي - طريقةً واحدةً تساعدكم على قراءة هذا الكتاب حتى نصل إلى مبحث الإهمال، ونُكمل هناك.

استراتيجية الكلمة الواحدة

دماغ الإنسان يخاف من الأمور الكبيرة، ويجتنب القيام بها! أمر كقراءة كتاب كامل! ومع الاستفادة من استراتيجية الكلمة الواحدة لن تحتاج إلى قراءة كل الكتاب! وكل ما عليك هو أن تقرر أن تقرأ فصلاً واحداً فقط من هذا الكتاب!

طبعاً الدماغ سيقول مجدداً: يا للّهول أن فصلاً واحداً أيضاً كثير، لهذا تقرر مع نفسك أن تقرأ صفحة واحدة!

وإذا كانت الصفحة أيضا كثيرة فقرِّر أن تقرأ سطراً واحداً فقط، وهكذا حتى تصل إلى كلمة واحدة!

نعم بهذه الطريقة! فإذا قلتَ لنفسك مثل هذا الأمر فستبدأ وبكل راحة القراءة، وذلك لأن قراءة هذا المقدار البسيط ليس موحشاً أبداً! لكن الحقيقة هي أنك حينما تبدأ بقراءة أول كلمة سوف لن يكون هنالك ارهاق بالنسبة للدماغ، وتبدأ بالقراءة بسرعة وراحة أكثر.. وبناء على هذا سيزداد احتمالية نجاحكم في قراءة الكتاب أكثر فأكثر.

كيف لا تقرأون الكتاب؟

أوَّل ملاحظة، هي أن نعلمَ أننا لسنا في حال قراءة جريدة! فنحن نقرأ الجرائد، والمجلات بصورة سطحية، ودقَّة قليلة، وسيكون أيضاً بعيداً للغاية

فكرة مطالعة الجريدة بعد ستة أشهر من جديد!

قد تمَّ وضع تمارين في بعض الفقرات، والتي هي مهمة في تطوُّر شخصيتنا، والتي لن يحدث أي أمر جديد إذا لم نُقْدِمْ، وحركنا قلمنا، وبدأنا بكتابة هذه «المبادرات»! وكل ما في الأمر بعدم اقدامك سيزداد علمك لا مهارتك.

لكن إذا بدأنا بكتابة المبادرات فسيختلف الأمر، فمع الأسف الكثير منا يزيد من معلوماته ويقرأ طريقة تطبيق المهارة فقط، ومن غير أي تطبيق، وتدرُّب يتوقع أن يتغير!

تماماً مثل أن نذهبَ إلى ملعب كرة القدم، ونسمع كل ما يقوله المدرب، ولاحقاً، ومن غير أي تدريب نتوقع أن نصبح أفضل لاعب في العالم! أليس مضحكا!

ولهذا وفي هكذا موضوعات علينا أن نتدرب، ونُغيِّر من تصرفاتنا، وننظر في أي جانب نحتاج أن نتمرَّن أكثر، وفي أي جانب نحتاج إلى معلومات أكثر.

احملْ قلماً

قبل أن نستكمل رحلتنا، احمل قلماً في كل مرة تريد القراءة حتى تستطيع كتابة المبادرات، وتُسجِّل الملاحظات في حواشي الكتاب، وهكذا نحن نستمر في كل الكتاب، فأي ملاحظة ترونها مهمة بادروا وسجلوها فوراً.

سابقاً أنا أيضاً كانتْ لديَّ هذه المشكلة، وذلك لأنني كنتُ أحبُّ أن يكون الكتاب من غير أيِّ خطٍّ وحتى أي اعوجاج في الصفحات! لكن لاحقاً عرفتُ أنني يجب أن أترك هذه العادة، وذلك لأن هدف هذه الكتب من هذا القبيل ليس أن تكون كما هي ومن غير أي تغيير، بل الهدف منها هو استخراج تلك الفائدة، وايصالها إلى الحدِّ الأعلى في الفكر أولاً ثم في الواقع آخراً.

حملتَ قلمكَ عزيزي القارئ؟ حسناً وها قد بدأنا رحلتنا معاً..

الفصل الأول
أَهْلاً بِكَ فِي عَالَمِ التَّخلُفِ

الفصل الأول:
أَهْلاً بِكَ فِي عَالَمِ التَّخلُفِ

قصَّتي

قبل مدَّة وفي يوم صيفي حار أرسل لي أحد أصدقائي رسالةً أحزنتني، فيها شيء من القسوة، ودعتني أفكِّرُ فيها كثيراً، صديقي «ولنفترض أن اسمه أحمد» لم يقصدْ أن يُحزنني بل هو حزين من أجل علاقتنا، التي كنَّا نقضي الكثير من أوقاتنا مع الأصدقاء فكانت عبارة عن الذهاب إلى المطاعم، والحدائق العامَّة، والتجوُّل في السيارة، والكثير من الأمور الشبابية الممتعة، لكن الآن هو يراها ليست بالمستوى التي تفي رَغَبَاتَهُ..

نعم فصداقتنا أخذتْ مجرى جديداً لم ينقصْ مقدار حبِّي له، ولم أكنْ مستاءً منه، لكن أردتُ أن أجري بعض التعديلات من أجل نفسي، ومن أجل مستقبلي والحياة التي أتمنَّى أن أعيشها على أرض الواقع، وليس في الخيال والأحلام فقط.

أحمد لم يرد أن يتغيَّر أي شيء، بل كان يُريد أن يبقى العالم كما هو، وكان يعتقد أن أي تغيير هو خطر عليه، وعلى علاقتنا وصداقتنا القديمة، وعالمنا هذا مليء بالتغييرات المفاجئة التي يجب أن تنسجم معها، وتتقدم عليها، وذلك بالتطوُّر المستمر، وقد يكون هذا التطور اليوم ذكاءً وتقدماً على الآخرين، ولكنه غداً سيكون هذا التطور واجباً وضرورياً وعدم تعلُّمه يعني إقصاءك من المعادلة والحياة، فذكَّرني صديقي أحمد بقصَّة:

لماذا أنا متخلف؟

الدُّبُ والإنسان

كان هنالك رجل ودب تجمعهما علاقة صداقة قوية، وفي يوم مشمس حار ذهبا عند الشجرة لكي يستظلا في ظل، وما كانت إلا دقائق حتى نام هذا الرجل تحت الشجرة، وحينما كان نائماً أتت إليه بعض الحشرات، وعندما رأى الدب تلك الحشرات على الشخص الذي يحبه، وخوفاً من أن تكون تلك الحشرات مؤذية له، أسرع وحمل حجراً كبيراً ورماه على الحشرات التي على صديقة من أجل قتلها وانقاذ حياة صديقه منها! وهكذا مات الإنسان بسبب جهل صديقه.

فصديقي هنا أيضاً بمنعه عن تلك الحياة العبثية، كان يتصوَّر أنني سأكون بخير، وأنعم بحياة جميلة إن بقيتُ على حالي هذه، واستمريت بالنَّمط العادي للحياة، وأن تلك التغييرات والمعلومات العملية التي أقضي وقتي في تعلُّمِها ستسبب دمار حياتي لا بنائها من جديد بالمفيد.

ذكية وغبية ومضطربة

كان هنالك ثلاث سمكات يعشن حياة رائعة في إحدى البرك إحداهن كانت ذكية والثانية غبية والثالثة مضطربة, في يوم من الأيام سمعت السمكة الذكية أحد الصيادين يقول لأحد رفاقه: لقد كبرت أسماك البركة وقد حان الموعد لاصطيادها! فذهبت السمكة الذكية عند السمكتين الأُخرتين وأخبرتهن يا رفاقي لقد تغير العالم! العالم أصبح مختلفا وأصبح لدينا ظروف مختلفة الآن في هذه البركة فهي ليست كما سبق، يجب أن نغير أنفسنا.

قالت إحدى السمكات: عن أي تغيير تتكلمين؟ فحكت السمكة الذكية القصة لهما.

فقالت إحداهن ان هذا مجرد كلام عبثي قد قالاه لاتهتمي به نحن بأمان الآن!

وقالت السمكة الذكية ياصاحبتي إن مرت هذه الفكرة في مخيلة أحدهم فهذا معناه انه من الممكن أن يتم تطبيق هذا الأمر.

فقالتا: دعينا من هذا الكلام، ثم ذهبت السمكة الذكية عند المضطربة وحاولت إقناعها، فذهبت السمكة المضطربة عند السمكة الغبية وقالت لها: يبدو ان الوضع خطير ماذا سنفعل ياترى؟

فقالت السمكة الغبية أنا في غاية الراحة هنا دعك من أوهام تلك السمكة فقررتا أن تبقيا في البركة

وبعد أن فهمت السمكة الذكية انها لم تفلح لكي تقنعهن قذفت بنفسها من البركة نحو النهر و بدأت بالتقلب على الارض لأمتار حتى وصلت الى النهر.

فقالتا هذا عمل من غير نتيجة ترجى، دعينا منها

وإذ بهمن تريان رجلان قد أتيا و مع أحدهم وعاء والآخر معه شبك.

فقالتا يا الهي لقد تغيرت الظروف بالفعل و من الممكن أن نصبح طعاما لهؤلاء، فالمضطربة أقدمت مباشرة على الهروب و الشباك من خلفها تسعى لكي تأخذها ومهما حاولت لم تستطع الإفلات و ما ان كان على وشك الإمساك بها تظاهرت بالموت و أمسك بها الصياد و قال الصياد مسكينة لقد ماتت خوفا! ورماها على الأرض و بعد أن ذهبا لكي يصطادا تلك السمكة الاخرى بدأت بالتقلب حتى وصلت للنهر وأفلتت واما السمكة الغبية فقالت دعني أُقلد السمكة المضطربة و تظاهرت أيضا بالموت وقال الصياد لقد ماتت هذه أيضا! حسنا لآخذها واطعمها لقطتي ..

فالعالم بالفعل في تطور سريع يوما بعد يوم، وكم هنالك من العلوم التي باستطاعتنا بواسطتها ان نرقي من فكرنا و من مهاراتنا والتي ستجمل حياتنا يوما بعد يوم وتساعدنا في الصعود من سلم النجاح وكم كان سيكون كلام

صديقي أحمد فعالاً وذا تأثير أكبر لو كان عنده بعض المعلومات البسيطة عن كيفية الارتباط الصحيح، فكان يوصل رسالته بطريقة جميلة، وغير جارحة، وعملية أكثر، فيصل بها إلى مبتغاه باحتمالية أكبر، ولكن لم يملك ذلك في حينها، وإذا كانت لديه رسالة في هذه الحياة فعلاً فكم كان يستطيع أن يستفيد من وقته بصورة أدق، وما كان يُضيِّع أي وقت للإستياء فهذا في جهة وهدفه بجهة أخرى، وكم هنالك من مهارات للتواصل، وآداب للتعاشر، نحن بأمسِّ الحاجة إليها.

كلما كان الإنسان يُريد لنفسه قيمةً أكثر، كلما كان يعطي لنفسه اهتماماً أكبر بتعلمه.

آراء الناس

لا تعشْ من أجل ارضاء الغير، فمادمت لم تتعدى حدود الغير، وحدود اللَّه، فأفعل الشيء الذي يُسعدك، وافعل الأمر الذي يُساعدك في الصعود على سُلَّم الحياة، فالسعادة يجب أن تكون طموحك الحقيقي، فهذا هو النجاح لا إرضاء الناس.

واعلم - عزيزي - أنَّ قمَّة القسوة في حق نفسك أن تعيش لإرضاء الناس مِنْ حولك ليعيشوا هم على كسر كل ما هو جميل فيك، فمهما فعلتَ فستبقى هناك مجموعة من الناس لا يرضون عن فعلك، ويرمونك بالتخلف، لأن فكرك مختلف عنهم، وكما قال امير المؤمنين عليه السلام: «**رِضَا النَّاسِ غَايَةٌ لَا تُدْرَكُ فَتَحَرَّ الْخَيْرَ بِجُهْدِكَ وَلَا تُبَالِ بِسَخَطِ مَنْ يُرْضِيهِ الْبَاطِلَ**»[1]، فعشْ حياتك بالطريقة التي تحب أن تعيشها أنتَ، وافعل الشيء الصحيح الذي يُطورك ويُقدمك إلى الأمام، فلديك فرصة واحدة في هذه الحياة حاول أن تعيشها بأفضل ما يكون.

(1) شرح نهج البلاغة لابن أبي الحديد، الحكم المنسوبة لأمير المؤمنين«ع»: ح501

ولا يمكننا أن نفعل شيء حيال النقد الظالم من الناس، لكن بوسعنا أن نعيِّن ما إذا كنا سنسمح لذلك النقد الظالم بأن يضايقنا أو يعرقل تقدمنا في هذه الحياة أم لا؟

العَهدُ الذَّهبي

يحكي لنا التاريخ عن حكومة عادلة، أتت بعد كل تلك الحكومات الفاسدة، والمليئة بالسرقات، والاغتيالات، والسجون أتت حكومة يملؤها العدل، لم يكن هنالك أي فقير موجود في البلاد، في حكومة كانت سعتها تعادل أكثر من خمسين دولة على خارطة اليوم، لم يكن هناك أي سجين سياسي، إذ لا معنى لسجين الرأي، وحاكم الدولة لم يملك حرساً شخصياً، أو قصوراً، أو أي شيء من حطام الدنيا التي يتنافس عليها الزعماء، والحاكم لم يوزع المناصب، والمال، والرواتب، على حسب الصداقات والأقارب.

حاكمُ تلك الدولة ما كان يهيءُ لنفسه مأدبات بألوان، وأشكال مختلفة.. حاكم تلك الدولة كان اسمه علي بن أبي طالب «صلوات اللَّه عليه» لكن كل هذا لم يمنع الناس من الانتقاد الظالم، والذي في نهاية الأمر استشهد الإمام على يد اللعين ابن ملجم المرادي، لكن هذا لم يمنع الإمام من فعل الصحيح والمضي في طريقه، فالإمام لم يخف من لومة لائم، ولم يعط حتى لأخيه عقيل مقدار أنملة أكثر من حقه في بيت المال رغم أنه طلب منه ذلك، وقال عليه السلام: **«وَاللَّه لَوْ أُعْطِيتُ الأَقَالِيمَ السَّبْعَةَ بِمَا تَحْتَ أَفْلاَكِهَا، عَلَى أَنْ أَعْصِيَ اللَّهَ فِي نَمْلَة أَسْلُبُهَا جِلْبَ شَعِيرَة مَا فَعَلْتُهُ، وَإِنَّ دُنْيَاكُمْ عِنْدِي لأَهْوَنُ مِنْ وَرَقَة فِي فَم جَرَادَة تَقْضَمُهَا، مَا لِعَلِيّ وَلِنَعِيم يَفْنَى، وَلَذَّة لاَ تَبْقَى! نَعُوذُ بِاللَّهِ مِنْ سُبَاتِ الْعَقْلِ، وَقُبْحِ الزَّلَلِ، وَبِهِ نَسْتَعِينُ»**[1].

---

(1) نهج البلاغة: خ223

فكل همِّ الإمام كان حق اللَّه، وأن يُراعي حقوق الموجودات الأخرى التي تحت رعايته ومسؤوليته.

افعل ما تشعر بداخلك أنه صحيح، لأنك ستتلقى النَّقدَ على أيِّ حال، فسينتقدونك إذا فعلتَ شيئاً وسينتقدونك وإن لم تفعل شيئاً فكلام الناس لن ينقطع.

لكن هل حقاً أن هَمَّ الناس هو التفكير بنا؟!

أول مرة نشرتُ إحدى كتاباتي في مواقع التواصل الاجتماعي كنتُ متوتراً، ومرتبكاً كيف سيكون رد فعل الناس، وكيف سيتم النظر إلى هذا المبحث التنموي العلمي، وبالفعل أتت آراء مختلفة حول هذا الموضوع، الذي خصَّصتُ وقتاً طويلاً لتجميع تلك المعلومات من كتب وتحقيقات مختلفة.

لكن وبعد مدة أدركتُ أن الأعم الأغلب لم يروا هذه الكتابات مطلقاً، وبعض آخر اعتبرها معلومة مميزة، وبعض آخر الذي قال: إن هذه المعلومة مجرد اتلاف للوقت، قد نسوها بعد عدة أيام قليلة فقط.

إننا نظن أن الناس ليس لهم حديث غيرنا، وكأننا نحن مدار العالَم، وكل شيء يدور حولنا، والحال أن صداعاً بسيطاً لديهم سيستحوذ على اهتمامهم ألف مرة أكثر مما يهتمون بطريقة لبسك، أو حتى بخبر موتي، وموتك، فلكل منهم له شأنه وما يشغله عن الآخرين!

وكيف لا أريد أن ينسونى وهم من أجل بعض أعمالهم الدنيوية ينسون أمهم، وأباهم، وإمامهم، ونحن نُنسى أسهل بكثير مما نعتقده.

تحديث للنظام

نترقب أحدث تكنلوجيا البرامج، والأجهزة الالكترونية لكي نستخدمها، ونتباهى بها أمام الآخرين، لكن ننسى الجهاز الأهم لدينا، وهو العقل، فلكي

نغذِّيه ونطوِّره ونستفاد منه، علينا أن نجري له التحديثات الضرورية، ونُدخل له كل معلومة مفيدة وجديدة. لكن لا، فالتعلم قد يكون انتهت مدته للبعض، وتراهم يُفضِّلون التركيز على الأمور التي هي خارج عن نطاق قدرتهم لتغييرها كمشاكل الحكومة، والبيئة، والطقس، بدل التركيز على الأمور التي هم باستطاعتهم تغييرها في أنفسهم، وطرائق تفكيرهم.

ورسول اللَّه ﷺ يقول: «**اطْلُبُوا الْعِلْمَ وَلَوْ بِالصِّينِ**»[1] فالعلم لا يقتصر على مكان دون مكان، وفي زمان دون زمان، بل في كل يوم يجب أن نغرقَ في التفكير بـ«ماذا يمكنني أن أفعل لكي تتحسن حياتي ونتائجي»، فتغيير أشياء، ونقاط صغيرة من عاداتنا، وأفعالنا تتغير حياتنا، وليس مهماً هل أنت ذكي كفاية أو لا، هل لديك تجربة أو لا، هل عمرك مناسب أو لا، يجب أن تعوِّض كل ذلك بالجدِّ الكثير، وتعلُّم المهارات التي تساعدك في هذا الطريق، فما عليك إلا أن تحارب هذه المشاكل، والتحديات باصرار أكبر، واجتهاد أكثر.

فهنالك الكثير من الناس عندما يبدؤون عادة أو مهارةً جديدةً كالجري أو حمل الأثقال، تراهم بعد فترة قصيرة يتركونها لأنهم تعبوا، ولم يروا نتائجها كما كانوا يتوقعونها.

والشيء الذي لا يعرفونه، أو يكون قد غاب عنهم، وهو أنهم بهذه الخطوات، والعادات الصغيرة بظاهرها مع استمرارها في طول الزمان تُحدث لنا تغييرات أساسية، فما كان عليهم إلا الصبر والمثابرة ليجدوا النتائج الباهرة في أجسامهم وأنفسهم.

---

(1) بحار الأنوار: ج 1 ص 177

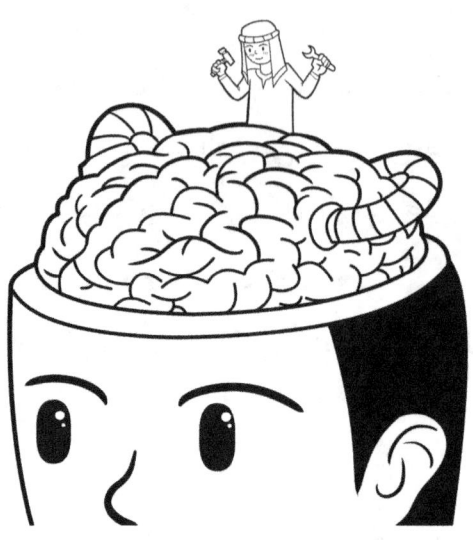

الدينار المميز والقاعدة الذهبية

إن خيروكم بين مليار«1000,000,000» دينار و«3» دنانير تتضاعف الثلاث دنانير كل يوم لمدة ٣١ يوماً فأيهما كنتم تختارون؟

افترضوا انكم انتخبتم المليار، وصديقكم انتخب طريق الثلاثة دنانير في البداية، وفي اليوم الرابع، أصبح لدى صديقكم 24 دينار وأنتم مع المليار لازلتم، وفي اليوم الثامن أصبح صديقكم يملك 384 دينار، وأنتم مع المليار «1000,000,000»، والذي هو لا شيء في قبال مالكم، وبرأيكم ما هو إحساس صديقكم تجاه خَيَاره؟ وأنتم مشغولون بصرف مئات الملايين والاستمتاع بها؟.

ولكن بعد مضي 20 يوماً أصبح مالُ صديقكم 1،572،000، برأيكم كيف أصبح حال صديقكم بعد كل هذه المدة، وكل الصبر والتضحيات والجد والعادات الإيجابية، حصل على أكثر بقليل من مليون ونصف حيث لم يتبق

من الأيام أكثر من 11 يوماً.

لكن فجاءة بدأ الأثر السِّحري بالظهور، من خلال تلك العادات الايجابية الصغيرة، وذلك التطور الجزئي. جائت النتائج الغير متوقعة بعد تلك الغيبة الكبرى، وبعد نهاية 31 يوماً يصل المبلغ إلى أكثر من ثلاث أضعاف المليار دينار.

في هذا المثال البسيط نستطيع إدراك كم هو الوقت مهم، وباستمراره كم ستتغير المعادلة، حيث أن في اليوم 29 كانت لديك المليار دينار وكان لدى صديقك 805 مليون دينار لكن في اليومين الأخيرين أصبح لديه أكثر من ثلاث أضعاف ما تملك أنتَ.

في أول وهلة قد نرى كل عادة أنها صغيرة وليس لها أي تأثير ولكن هذه العادة الصغيرة الإيجابية إذا استمرينا بها ستنتج لنا أموراً رائعة حقاً.

ولكن احذر هذا التأثير كما هو موجود في الأمور والعادات الايجابية هو موجود في العادات السلبية حيث تأثيرها يكون مدمراً وعكسياً، فاحذر من استخدام هذه المعادلة في الطريق المعكوس.

اذاً

اختيارات ذكية وصغيرة + المداومة + الوقت = تغيرات أساسية ونتائج باهرة

ومشكلة هذا الأمر هو أنك لا تستطيع رؤية ذلك التطور بل سيأخذ زمنا من الجَّد والمثابرة حتى نبدأ برؤية النتائج في ذلك المجال، وأجدادنا كانوا يعرفون هذا جيداً حيث كانوا يقومون بالعمل طول اليوم من الصباح إلى المساء لأنهم يعرفون، لكي ينجحوا يحتاجون إلى الجَّد، والنَّظم، وإلى العادات الجيدة، ولكن بمرور الزمن وبمساعدة الاعلانات التجارية تغيرت نظرتنا شيئاً فشيئاً،

و أصبحنا نبحث عن النتائج الآنية السريعة، وأصبحنا نبحث على كيف نقلل من وزننا خلال سبعة أيام، وتريد أن تُصبح ثرياً؟ شارك في هذه القرعة، أو ذاك اليانصيب، ولكن التطور والتغيير ليس كطلب الوجبات السريعة، بل هو باستمرار مجموعة من العادات الصغيرة الايجابية.

فإذا كنتَ تحبُ نفسك عِدْ نفسك لمرة واحدة وأخيرة، وبدل الإتكال على بعض المشعوذين المتلبسين باسم الدِّين لكي تعرف مستقبلك، أو بدل الاستلقاء، وبعث طاقة الجذب لكي تأتي بأموال قارون، وتستغني وتسدد ديونك، عليك أن تعتمد على جهدك، ومهاراتك لا على الحظ والبكاء على الأطلال فلن ينفعك كل ذلك في شيء.

وعِدْ نفسك أن تستمرَّ في التحسُّن والتمرين حينما ييأس ويتعب الجميع، وحينما يتوقف الجميع فهذه ستكون النقطة الفارقة، والمميزة بينك، وبين الآخرين.

كُنْ إنساناً تقول «لا» للعادات السيئة، فالاتحاد مع نفس تشكيلة السِّرب لن يأتي لك بالنجاح في حياتك أبداً، لا تكن طبيعياً، بل اسعى لكي تكون متميزاً!

فإذا أردنا أن نصلَ إلى تلك الحياة التي طالما أردناها يجب أن نُجريَ بعضَ التغييرات في حياتنا ونعطي لأنفسنا فرصة للإرتقاء والتقدم، ودعونا نجرِّب فما هي المخاطرة في ذلك؟

وأول خطوة للتغيير وللتطور هي أن تُريد أنتَ التغيير.

عن أمير المؤمنين عليه السلام: **«مَنْ اعْتَدَلَ«تَسَاوَى» يَوْمَاهُ فَهوَ مَغبُون»**[1]

(1) بحار الأنوار: ج 68 ص181

وأنتم لا تحتاجون إلى معلومات أكثر، أو معلومات جديدة، لكن ما نحتاجه هو برنامج عملي جديد، ولقد حان الوقت لكي نبني في أنفسنا عادات، وتصرفات جديدة تبعدنا عن الفساد والإنحطاط وتأخذنا إلى طريق النجاح والصعود في درجاته.

هيا نبدأ «المبادرة»

أنا «............» أتحمَّل المسؤولية في تطوير نفسي دائماً، وأعِدُ أن أنَمِّي نفسي حينما أرى فرصةً في التنمية، وأن أترك التبرير السَّام الذي هو ليس إلا إتلافٌ لوقتي، وطاقتي، وهو لا يكون إلا استهزاءً بنفسي، وتضييعاً لقدراتي.

وأول وعد في هذا الطريق هو أن أنهي قراءة هذا الكتاب الذي سيساعدني.

التوقيع ....

....

هل ستأكلها؟

في هذا الاختبار الذي تم إجراءه في سنة 1970 بواسطة جامعة ستانفورد جونيور أرادوا أن يروا هل سيقاوم الطفل ذو «الأربع إلى ست» سنوات ولا يأكل الحلوى لمدة ١٥ دقيقة، وفي المقابل يخبرونه بأنه إذا لم يأكل تلك الحلوى سيأتون له بحلوى أخرى مكافأة له، فإذا كان للطفل خياران إما يصبر ويقاوم من أجل الحصول على الحلوى الإضافية، وتصبح اثنتان، أو كان يأكل فقط تلك الحلوى.

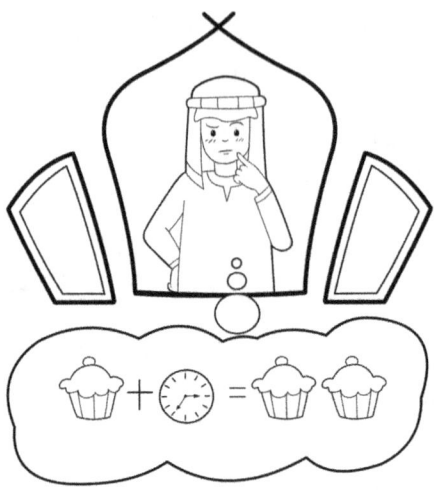

بالنسبة لنا سيكون هذا الإختبار سهلاً ولكن، هو ليس كذلك في رأي الأطفال فهذه الحلوى جداً مغرية لهم، والحال أنه ليس هنالك أحد يخبرهم بعدم أكلها فالبعض منهم ما أن خرجت تلك المراقبة بدؤوا بأكل تلك الحلوى من غير أي التفات للكلام الذي قيل، وبعض الآخر كان يريد الجائزة الآخرى لكن مقاومة هذه الحلوى اللذيذة ليس بالأمر السَّهل فبدأ بأخذ بعض القضمات الصغيرة، وبعض الآخر بدأ بشمِّها، وكان يوسوس بأكلها، ويقربُها إلى فَمِهِ لكن كان يضعها على الطاولة سريعاً حتى يحصل على جائزته!

اقترَح عليكم مشاهدة هذا التحقيق الظريف

الرابط: https://mmaash.com/bookgifts/

كان الهدف من هذا الإختبار مراقبة الأطفال لسنوات حتى يكبروا، ووصلوا إلى نتيجة جذابة وهي: أن الأشخاص الذين صبروا ولم يأكلوا الحلوى، أو تأخروا بأكل الحلوى كانوا أُناساً ناجحين أكثر حين الكبر.

في الحقيقة هذه القضية ليس لها إرتباط مباشر في نجاح الأشخاص الكبار في المستقبل، في الواقع الشيء الذي له إرتباط الآن هو أن ذلك الشخص، يغضُّ بصره عن بعض الملذات الحالية ومن غير أن يمنعه أحد حتى يصل في المستقبل إلى ملذات أكثر وأكبر، فإذا استطعنا أن نمنع أنفسنا من بعض الملذات الحالية وصبرنا قليلاً فلاحقاً سنستطيع أن نأكل حلويات أكثر وأكبر وألذ.

كتأخير لذة «التسوُّق» من أجل إدخار الأموال، تصفح المواقع الإجتماعية، النوم، مشاهدة التلفاز فالحلوى ممكن أن تكون بأي شكل وتكون هي سبباً في منعنا من الوصول إلى الجوائز الأكبر.

وعن الإمام أمير المؤمنين عليه السلام : أشجع الناس من غلب هواه[1]

الحلوى والزوجة

مثال آخر لأكل الحلوى لدينا هو، تخيَّلوا رجلاً يأتي من العمل وبدل الحديث مع زوجته قليلاً يأخذ جواله ويبدأ التصفح في المواقع الاجتماعية!

قد لا نرى هذه حلوى كبيرة وقد نستصغرها، لكن بعد مدة قد يتكون لدى الزوجة إحساس بعدم اهتمام الزوج بها وتصبح كالقنبلة الموقوتة بانتظار أقل شيء لكي توجِد صراعاً، ومشكلة كبيرة في البيت وأكثر حالات الطلاق في بلدانا من هذه القضايا الصغيرة.

كل هذا من أجل تلك الحلوى الصغيرة ذات 20 دقيقة في أول الليل التي

(1) بحار الأنوار: ج 67 ص 78

كان يتناولها الرجل بدل القضاء تلك المدة القصيرة معها فيدعها ليلهو في مواقع التواصل بلا فائدة ولا نفع يُرتجى.

الاستمتاع بشراء الحلوى الصغيرة

إحدى أشهر وأكثر الحلويات التي نراها في مجتمعاتنا هي اضافة الدُّيون في حياتنا، في حال نحن نعتقد أننا نضيف إلى ثروتنا!

دعونا نوضِّح لكم بمثال: افترض أن هنالك سيارة بقيمة 70 ألف دولار تشتريها، فأغلب الناس أو جميعهم قد يظن ويحسب هذه السيارة من ثروته في حال الذين لديهم معرفة في الأمور المالية يعرفون بالضبط أن هذه السيارة لن تكون أبداً جزءً من ثروتنا بل في قروضنا وذلك لدليلين:

1 -القيمة المالية لذلك الشيء لن يزداد «بل سينقص!»

2 - ستكون لها الكثير من المصاريف، والإصلاحات..

والآن انظروا إذا كنا نستثمر مالنا في شراء الأسهم، أو في مشروع ما، أو حتى وضع ذلك الـ 70 ألف دولار في البنك، والحصول على أرباح، في غضون 5 سنوات كم سيكون العدد مختلفاً.

وعدد الذين يأكلون الحلوى في مجتمعنا بهذه الصورة ليس بقليل، وفي حال أن الأشخاص الأثرياء وبعد أن يستلموا أي مبلغاً، أول ما يفعلوه هو فصل مقدار من المال «على الأقل 20%» فيدخروه، وذلك المال فقط وفقط سيستخدموه في الاستثمار أو أي شيء يسبب زيادة في عائداتهم.

رابرت كيوساكي في كتاب RICH DAD POOR DAD يطرح أمراً ظريفاً للغاية حيث يقول:

«إن الأثرياء يستخدمون أرباحهم في الاستثمارات لكي يحصلوا منها على أرباح، ومن ثم من أرباح أرباحهم يشترون أشياء كالسيارات، و... أما الفقراء فهم يشترون هذه الأمور من أرباحهم، ولا يهتمون أبداً للاستثمارات».

حلوى الانتقاد

إحدى الأماكن الأخرى التي يتم أكل الحلوى فيها، وهو الغضب حين التعرض للانتقاد، فالغضب هو نوع آخر من أكل الحلوى، فالغضب قد يكون جذاباً لنا جداً في بعض المواقف، ويتم رؤيته كشيء يريحنا، وينفِّس عمَّا داخلنا لكن بغضبنا ستتم خسارة تلك الحلوى الكبيرة، وتكون سبباً في تصعيب عملية اقناع المنتقد، وتضعيف العلاقة و.. فالغضب سيسبب آثاراً سلبيةً علينا، وعلى غيرنا، والتجارب تبيِّن لنا أن أغلب الأشخاص بعدما يهدئون من غضبهم، يندمون من ذلك الفعل والتصرف الذي بدر منهم في حالة الغضب.

وفي الفصل الرابع سنبحث عن الغضب والانتقاد بشكل أكبر فإلى هناك.

اسوأ حلوى في العالم

نذهب للمطاعم، ونذهب للكافيهات، والمقاهي، ونقضي ساعات وساعات هناك لكن حينما يصل البحث إلى التعلُّم وكسب بعض المهارات، وقراءة بعض الكتب نبدأ بعمل حسابي قد يستغرق مدة أكثر بكثير من المدة التي نحن نريد قراءة ذلك الكتاب، وبالأخير يتم القول ليس لدينا الوقت، أو دعنا نحقق قليلاً عن هذا الكتاب، ومن ثم سنشتريه إن شاء اللّه تعالى.

فكما نهتم ببطوننا ونعطيها ألذ المأكولات، ونهتم بتقوية عضلاتنا، وجعلها جذابةً، ليتنا نهتم بعقولنا، وبجاذبية المهارات التي قادرون نحن على تعلمها، والإمام الحسن عليه السلام يقول: «**عَجَبٌ لِمَنْ يَتَفَكَّر فِي مَأكُولِهِ كَيفَ لَا يَتَفَكَرَ فِي مَعقُولِهِ فَيُجَنِّب بَطنَهُ مَا يُؤذِيهِ، وَيُودِع صَدْرَهُ مَا يُردِيهِ!**»[1]

والأمر المدهش هو عندما نريد أن نأكل إحدى هذه الحلويات نأتي بأنواع المبررات الجميلة لكي نأكلها، ولكن في الحقيقة نحن نخدعُ أنفسنا بهذه

(1) بحار الأنوار: ج 1 ص 218 ح 42 -

التصرفات، ونحن نعلمُ ذلك، فأكل الحلوى أسرع من وقته لا يختلف مع الخسارة في شيء.

مبادرة

رجاء اكتبوا لكي تطوروا من مستوى حياتكم ما هي الأمور التي أنتم مستعدون لكي تفعلوها والآخرين غير مستعدين لفعلها «دعوني ارشدكم؛ قراءة هذا الكتاب هو من ضمن هذه الأمور».

الفصل الثاني

ليسَ لديَّ وقتٌ للتبرير

الفصل الثاني:
ليسَ لديَّ وقتٌ للتبرير

بدل أن ألوم الغير على وضعي، ومشكلاتي، عليَّ أن استثمر هذا الوقت في معرفة طرائق جديدة لحلِّ هذه المشكلات، ولتحسين وضعي مع هذه الإمكانات التي لديَّ.

أنا لا أقارن نفسي مع الغير، فكل واحد منا لديه ظروف مختلفة، ولكن أحاول أن أكون أفضل ما يمكن أن أكون عليه مع هذه الامكانيات التي لدي، بدلَ أن أجلس وأقول: إلهي لماذا أنا هكذا، ولماذا هذه هي امكاناتي، ولماذا هذا يحدث بي أنا دون غيري؟

قال الإمام الصادق عليه السلام:

احمل نفسك لنفسك فإن لم تفعل لم يحملك غيرك[1]

قصة أرثر اش

آرثر آش[2] هو لاعب كرة مضرب محترف أمريكي من أصول أفريقية، وحائز على ثلاث ألقاب في البطولات الكبرى لكرة المضرب مما وضعه بين الأفضل في الولايات المتحدة الأمريكية.

آرثر آش وبعد أن خضع لعملية جراحية في القلب تسبب ذلك بنقل دم ملوَّث إليه في أثناء العملية الجراحية أُصيب منها بمرض الآيدز «السيدا».

---

[1] كافي: ج 2 ص 454
[2] ashe Arthur

مما سبب صدمةً وحزناً بين معجبيه، ووصله الكثير من الرسائل من جميع أنحاء العالم، وأحد معجبيه كتب له: «لماذا قد انتخبك الرَّب من أجل هكذا مرض مُؤلم؟»

فأجاب آرثر: «في العالم هنالك 50 مليون طفل يبدؤون بلعب كرة المضرب 5 ملايين منهم يتعلم كيف يجب أن يلعب، و500 ألف منهم يتعلم كيف يجب أن يلعب باحترافية، و50 ألف منهم يدخلون في بطولات، و5 آلاف منهم يصبح وجهاً بارزاً، و50 شخص منهم يصل إلى بطولة ويمبلدون و4 أشخاص منهم يصل إلى النصف النهائي، وشخصان يصلان إلى النهائي، وفي ذلك الوقت الذي كنتُ ممسكاً للكأس بيدي لم أقل أبداً إلهي لماذا أنا؟ واليوم الذي أتألم من هذا المرض لا أستطيع أبداً أن أقول إلهي لماذا أنا؟».

فلم يتذمر الرجل من مرضه، ولم يقل: لماذا أصبحت ظروفي هكذا؟ لماذا لستُ كذاك اللاعب؟ ولماذا بشرتي سوداء؟ ولماذا لم أصبح أبيضاً لكي يعادوني بشكل أقل؟ بل أخذ بزمام حياته، وانطلق في حياته من غير مبررات، وبمعونة الرَّب، ووصل إلى ما وصل إليه من إنجازات في البطولات، ومن جهود في القضايا الاجتماعية والحياة العامة.

هذه هي الظروف، والامكانيات، والقابليات، التي لدينا فماذا سنصنع بها؟

كل ساعة، وكل لحظة لن ترجع أبداً، فإما أن أتقبل ما لدي، وأحارب بها، وإما أجلس وأقول: أنا لستُ كهذا، ولا كذاك، والحياة بالواسطات وكل شيء غلط و.. ثم أحبس نفسي داخل غرفة صغيرة بهكذا مبررات لعلي أشتري بها القليل من ترحُّم، أو تأييد الغير، وبذلك لا أتغيَّر، وأسألك: نحن نخدع مَنْ يا تُرى في كل ذلك؟

أنت في وسط الإعصار

تصور أنك في وسط إعصار في البحر تسبح، وتأخذك الأمواج يميناً وشمالاً، ولا تعرف أين المَفَر، في هذه اللحظة لن تسأل نفسك لماذا أنتَ هنا؟ ولماذا لديك هذه الامكانيات فقط؟ ومَنْ الذي أتى بكَ إلى هنا؟ بل ستحاول جُهدك وطاقتك في الاستفادة من كل الإمكانيات التي لديك وتسخِّر كل قواك لتُخلِّص نفسك من تلك الورطة التي أنت فيها بوسط ذلك الاعصار لكي تنجو من الهلاك والموت المحتَّم.

كيف نريد أن تكون حياتنا؟ وكيف نريد أن يذكرنا الناس بعد انتهاء مدة ضيافتنا على كوكب الأرض؟ كان إنسان متذمِّر؟ عصبي؟ سلبي ولا مبالي ولا يتحمل المسؤولية؟ أم كان إنسان مجدٌ ومكافحٌ، بكل امكانياته، ووجوده كان مميزاً.

فعندما نتعامل بهذه الطريقة، وبهذه الرؤية، سنبدأ ونرى الكم الهائل من الامكانات التي كانت لدينا بالفعل ولكن بسبب تذمرنا السابق لم نكن نراها بوضوح فلم نكن نصدِّق أننا نمتلكها بجد.

باللَّه عليكم، كيف كانت بداية أغلب الأشخاص الناجحين؟ ميسي، ومايكل جوردن، هارلاند ساندرز «مؤسس سلسلة كنتاكي»، والت ديزني، وغيرهم من المشاهير، فجميعهم لم يملكوا أي شيء وتلقوا الكثير من الاهانات والسخرية، والانتقادات اللاذعة ممَنْ حولهم، وما كانت لجميعهم إمكانات خياليّة، وأسر داعمة لهم.

لكن وعلى كل حال قبلوا وضعهم الحالي، وإمكاناتهم، ومن ثم صمَّموا على تغييرها، وتحدي كل الظروف والمعيقات التي في طريقهم، وبناء مستقبلهم بأنفسهم بإصرار وتصميم شخصي.

إذا كنتَ لا تستطيع الطيران فاركض، وإذا كنتَ لا تتمكن من الرّكض فامشي سريعاً، وإذا كنتَ لا يمكنك المشي فازحف

الأولويات

وهي إحدى الموارد المهمة في تنظيم الوقت والتي تساعدنا في إعطاء الأمور كل حسب أهميته.

قانون forced efficiency يقول: «لن يكون هناك وقت لفعل جميع الأمور أبداً، ولكن هناك دائماً وقت كافي لفعل أهم الأمور».

وما علينا إلا ترتيب برنامجنا حسب الأولويات، والأهميات، عندها سنكون منتبهين لساعاتنا التي نقضيها في الأمور المختلفة في اليوم، وهذا سيعطينا إحساساً رائعاً، هو إحساس بالسيطرة على حياتنا، وسنرى تأثير هذا الأمر على المدى القريب والبعيد في حياتنا.

واعلم أن جميع المشاهير والشخصيات لديهم في اليوم ٢٤ ساعة مثلنا تماماً، ولكن ما يُميِّزهم هو في إنتخاب واختيار الأولويات، وفعل الأمر الأهم، ثم المُهم، فكلنا لدينا نفس الوقت ولكن ليس كلنا يعرف كيف يستثمر الوقت بالشكل المفيد.

فبعض منّا يضع أولويته في الذهاب إلى المقهى، وبعض يضع أولويته في تطوير مهاراته، وبعض يقضي أوقات فراغه مع أصدقائه، وبعض يقضيها مع عائلته، وبعض يقضيها بمشاهدة الأفلام، والبعض الآخر في قراءة الكتب فهي مختلفة باختلاف الأولويات لكن هي نفس الساعات فهذه الاولويات الصغيرة هي التي تؤدي إلى نتائج كبيرة ومختلفة تماماً.

دعونا نسأل أنفسنا في كل الأمور التي نفعلها في اليوم هل هذه هي أولويتنا؟

لن نقول ليس لدينا وقت للمطالعة، وللتعلم بل نستطيع أن نقول: أولويتي ليست التطور بل هي الذهاب إلى المقهى، ومشاهدة كرة القدم.

هل سمعتم عن بيل غيتس؟ فهو يقرأ في الأسبوع على الأقل كتاب واحد مع أنه مؤسس شركة مايكروسافت، ولديه الكثير من الأعمال، والاجتماعات لكنه دائماً يطمح للمزيد من الانجاز والعلم، نعم ليس لديه وقت؟ ليس لديه وقت للتبرير.

حسنا نريد أن نطور أنفسنا لكن الإهمال مرافق لنا ولأعمالنا دائماً فكيف يجب أن نتعامل معه؟

الإهمال

الإهمال أو كما يقال بالعامية «التغليس، أو التطنيش» أو سمِّه ما شئتَ، هو أمر يؤثر كثيراً على حياتنا ويسبب لنا ضرراً بالغاً، وقد يكون غير محسوس في

تلك اللحظة لكن آثار هذا القرار سيظل موجوداً وإن أنكرناه.

وأما تعريف الإهمال: هو الأمر الذي يجب فعله الآن لكن بأي سبب لا يتم فعله الآن بل يتم فعل آمر آخر قد يكون مهماً لكن ليس بأهمية الأمر الأول، وبكلمة، الإهمال هو ترك الأهم والواجب.

والاهمال ليس بالضرورة أن يكون مرافقاً، أو مرادفاً لكلمة الكسل، فقد يكون الشخص مديراً ناجحاً لكن مع هذا يبقى إنساناً مهمِلاً لأنه يقوم بأمور ليست بتلك الأهمية في اللحظة الحاضرة، حيثُ تكون له طاقات أكثر من هذا المكان الذي يشغله الآن، لكن بسبب إهماله تراهُ في هذا المحل الذي يراه الآخرون أنه أمرٌ مذهل، مثل أن تكون هنالك دبابة يتم تشغيلها، وتستخدمها فقط من أجل أن تذهب بها إلى السوق!

فقد تكون هنالك فرصاً ذهبيةً تأتي مرةً واحدةً في العمر لكن هذا الشخص بإهماله يفقدها، فرصة لو كان يُقدم عليها لكانت قد تغيرت حياته بصورة كاملة، وسلبيات الإهمال لا تقف هنا بل حتى في العائلة، فليس هنالك زوجة تحب زوجاً مهمِلاً بل هذا يكون لها كالتعذيب فإهمالنا يؤذي حتى أحبائنا دون أن نشعر.

ويسلب الإهمال منا متعة الإنجاز، ويعطينا تلك النظرة المرعبة تجاه إنجاز أعمالنا، ويملؤنا بالتوتر يا ترى متى سأنجز هذا العمل..، ونحن نعتقد أنه إذا قررنا أن ننجز العمل فهذا يكفي في انجاز ذلك العمل ونبدأ بالتكلم منطقياً مع أنفسنا وننسى الجانب العاطفي من عقلنا والذي سنتكلم عنه في الفصل القادم بإذن اللّٰه تعالى.

وفي بعض الأحيان نريد أن نزيد من معلوماتنا لكن يأتي الإهمال إلينا فما الحلُّ معه يا تُرى؟

وكيف نستطيع التخلص من الاهمال في أعمالنا؟

أحد الأماكن الذي يأتي إلينا منه الإهمال هو في:

الإهمال بسبب الجهد

في بعض الأحيان بسبب رؤيتنا لذلك الشيء المُهم الذي يجب انجازه بأنه كبير ويحتاج إلى جُهد نبدأ بالتهرُّب من إنجازه، باختراع مختلف العلل.

فالذي نستطيع فعله في قبال هذا الشيء هو:

تجهيز المقدمات

حينما أريد أن أبدأ بقراءة الكتب في الصباح الباكر، في تلك الليلة أجهِّز الكتاب الذي اخترته، كما اختار فطوري في الصباح، وأحضِّر مكان مطالعتي، وآتي بالدفتر، والقلم، وأحضر حتى بالحلويات و.. وفي الصباح يكون لي طاقة مضاعفة لأني أعرف كل شيء جاهز من أجل مطالعتي، ولن أُضيِّع وقتاً اضافياً في ترتيب، أو العثور على تلك الأمور.

فهناك بعض الأمور نهرب منها لأنها متعبة، ولكن قبل أن يحين موعد ذلك العمل وإذا جهَّزنا جميع مقدماته فهذا يزيد من احتمالية فعل ذلك العمل، فمثلاً إذا أردنا الذهاب إلى الرياضة في الصباح، فاحتمال أن نقوم من النوم، ونعثر على الجوارب، والملابس الرياضية، والحذاء الرياضي، والصوتيات المناسبة من أجل الرياضة، والفطور في الصباح و.. فالخروج إلى الرياضة هو ما يقارب الصفر!

ولكن إذا جهزنا هذه الأمور والمقدمات في الليلة السابقة، وكانت كلها في متناول اليد، فاحتمال أن نفعل ذلك الأمر أكثر بكثير.

مبادرة

الآن عينوا أي من الأمور هي التي إذا جهزنا مقدماتها ستصبح أسهل بقليل؟

حاولوا وضع بعض الأعمال لديكم:

_____

_____

ثم انتخب اثنين من التي قد كتبتها وقرر أن تجهز مقدماتهما هذه الليلة:

_____

_____

قاعدة الخمس دقائق

لقد ساعدني كثيراً تطبيق هذه الاستراتيجية في إنهاء الكثير من الأعمال وأنا ممتن له، هذه الطرق والاستراتيجيات ليس معناها أنها دائماً ستكون فعالة لنا، بل قد يكون بعضها فعالاً معي، والبعض الآخر لا يكون كذلك، لكن بتطبيق هذه الطرق سنرى كم أصبحت هذه الأمور أسهل في تنفيذها وأصبح الأمر ممتعاً بدل أن يكون عذاباً ومؤلماً.

والاستراتيجية، هي عبارة عن اختيار متى أردت القيام بأمر ما ولم يكن لك إقبال تجاهه قُلْ لنفسك إنني سأفعل هذا الأمر لمدة خمس دقائق، وبعد الخمس دقائق إذا لم أرد الاكمال فسأتوقف، وما أن تبدأ بهذه الخمس دقائق لن تتوقف بسهولة ففي الحقيقة المشكلة التي نعاني نحن منها كثيراً، هي البدء بذلك العمل أي لحظة الإنطلاق.

والإنسان في كثير من الأحيان عندما يبدأ بشيء ما فهو لا يريد التوقف عنه حتى الإنتهاء من ذلك العمل.

ولهذا عندما نكون قد لبسنا ثيابنا من أجل الخروج، ولكن لا يكون لدينا ذلك الاقبال تجاه ذلك العمل نقول: لقد لبست ثيابي فدعني أذهب، وانطلق، وأنتهي من ذلك العمل وأرتاح منه.

«المعلومات الاضافية ليست هي الأمور التي أنتَ بحاجة إليها لكن برنامج عملي تطبيقي، لقد حان الموعد لخلق تصرفات، وعادات جديدة في نفسك لكي يقربك من الشيء الذي ترغب فيه، والعمل الذي تحبه، أو هو مطلوب منك انجازه..

مبادرة

ما هو الأمر الذي قررتَ أن تطبِّق فيه استراتيجية الخمس دقائق؟»

_____
_____
_____

استراتيجية الجائزة المناسبة

وهي أن تَعِدَ نفسك إذا قمتَ بذلك العمل فسوف تهدي لنفسك جائزة، والجائزة ماذا تكون؟ هذا راجع إليك، ماذا تريد أن تهدي لنفسك، وليس معناه أنه يجب أن تهدي لنفسك شيئاً كبيراً بل شيئاً مناسباً لذلك الشيء، كشيء يُحفِّزك للقيام بذلك الفعل قد يكون الذهاب إلى الحمام، وقد يكون شرب عصير ما، أو حتى الخلود إلى النوم.

لماذا أنا متخلف؟

مثلاً أنا عن نفسي - وبما أنني الآن في فترة خطوبتي - قررتُ أنني إذا كتبتُ مقداراً ما من هذا الكتاب الذي أريد أن أجعل به حياتنا واعية، وفعالة أكثر، سأتكلم مع خطيبتي بمقدار نصف ساعة، فهذا بالنسبة لي أفضل هديَّةً تحفِّزُني للكتابة أكثر.

«طبعاً كتابة هذا الكتاب لم يكن مملٌ بالنسبة لي بل كان مليء بالحماس والحب لكن كل ما في الأمر أردتُ أن أُكمل الكتاب بسرعة أكبر»

مبادرة

ما هي الأمور التي كنتَ تتهربُ منها بسبب الجهد التي كان يصحبها؟

....

....

فكر ما هي الجوائز المناسبة لها؟

....

....

....

الآن انتخب أحد الأمور وضع له موعداً محدداً لفعله، واكتب في حال أنك قد فعلتَ ذلك الأمر ما هي الجائزة التي عيَّنتَ لنفسك من أجلها ولتكن واقعياً وصادقاً مع نفسك عزيزي؟

....

....

عِدْهُم

هل هناك مجموعة أناس مهمين وخاصين بالنسبة لك؟ أو حتى تخجل منهم، والخجل ليس بالشيء الايجابي لكن يمكنك تبديله إلى شيء إيجابي،

والاستفادة منه، وذلك عندما تريد القيام بعمل، اذهب وقل لذلك الشخص أنك سوف تنجز ذلك العمل، وبتلك المدة وسيكون رائعاً أيضاً إذا كان بإمكان ذلك الشخص الاتصال والتحقق من انجاز ذلك الفعل بتلك المدة.

طبعاً إذا كان هذا الشخص محب للتهرب من المسؤوليات، فلن يكون هنا أيضاً له صعوبة في التهرب منها، وذلك بالكذب، أو بخلق مختلف المبررات لعدم قيامه بذلك الفعل، أو حتى عدم الرد على الاتصال، وكل حديثنا هو للشخص الذي يريد أن يجري التغييرات في حياته، ويتحمل المسؤولية لا الشخص المتهرب من المسؤولية، فهو لن تفيده كل هذه البحوث.

مبادرة

فكر واكتب ما هو الأمر الذي تريد أن تَعِد ذلك الشخص بالقيام به؟

اكتب أسماء الأشخاص الذين ترغب في أن تعدهم:

....

....

....

فكر بالعواقب الايجابية والسلبية

حينما تريد أن تقوم بعمل ما تذكر تلك الأمور التي ستحصل عليها، وتلك الأمور السلبية التي ستتسبب بعدم قيامك لذلك العمل، وهذا سيزيد من حماسك تجاه ذلك الشيء ويدفعك لإنجازه.

مثلاً ابنك يريد أن يكلمك، ولكن الحديث معه مملٌ بالنسبة لك، وأنت تعرف أن هذا الأمر مهم جداً في التربية وتنشئة الطفل.

فتذكر نفسك بتلك النواحي الايجابية التي ستسبب لابنك في المستقبل

باستماعك له، وتلك الأمور السلبية التي ستسببها له بعدم استماعك له، كعدم الثقة بنفسه، وفقدان تقديره لذاته، والتي ستعرض عليه في المستقبل أي أنك ستصنع منه رجلاً فاشلاً في المستقبل.

وقد خصصنا مكاناً لكتيب تقدير الذات «أنا هو أنا» في قسم الهدايا الرابط : https://mmaash.com/bookgifts/

مبادرة

ما هي الأمور التي باهمالك سوف تخسرها؟

_____

_____

ما هو شعورك تجاه نفسك؟

_____

_____

ما هي الأمور الايجابية التي بعدم اهمالكم سوف تحصلون عليها؟»

_____

_____

بفضل الآخرين أصبحنا نهرب من الأمور المزعجة

واعلم أن التهرب من الأمور المزعجة للإنسان راجع في كثير من الأحيان - مع الأسف - إلى طريقة تربية الأبوين لابنهم في الصِّغر.

وهو أن الأبوان يحملان مشقة فعل الشيء عن كاهل الولد ويقومان هم بفعله بدل الطفل.

ويُدللونه بحمل كل الأمور المزعجة عنه، وهم كانوا يقومون بها ظنا منهم أن هذا هو التصرف الصحيح، ولا يعلمون أنهم بتصرفهم هذا يربونه على الإهمال والإتكالية، والهروب من الأمور المزعجة وإلقائها على الغير وعدم الاعتماد على النفس.

فمثلاً يُراد من الزوج أن يُخرج أكياس القمامة من المنزل، فالشخص الذي تعلَّم على الإهمال سيكون محترفاً في اللا مبالاة فيشغل نفسه بالتلفاز، أو الجوال، وكأنه لم يسمع، وربما يقول سأرميه في الليل أو يُظهر نفسه مشغولاً بأمر ما لكي لا يرميها في مكانها خارج المنزل.

وهكذا اتخاذ قرار للعيش بهذا الأسلوب سيكلفنا أكثر بكثير مما نتوقع.

وبالتاكيد هؤلاء الأشخاص والذين هم ضحايا لإهمالنا ليس لن يكون لهم إحساس جيد حيال هذه القضايا البسيطة والصغيرة.

وإحدى الأشياء التي نستطيع أن نُفعِّلها لكي يزداد وعينا تجاه أفعالنا، ونفهم ذلك التأثير الذي نضعه عليهم، هو أن نطلُب منهم أن يوضِّحوا لنا إحساسهم تجاه هذا الفعل الذي نفعله؟ وسيفاجؤون بمثل هذا السؤال، وربما أن تفاجأ أيضاً بذلك الرَّد الذي لم تتوقع أن يكون إحساسهم تجاه ذلك الفعل هكذا.

بالتاكيد هذا الأمر سيجعلنا ننظر بنظرة أخرى تجاه الإهمال في الأعمال.

مبادرة: توقف عن القراءة واذهب وقل للشخص الذي هو ضحية إهمالك: أن تلك الأمور التي كان يفعلها من أجلك أنك أنت ستتولاها من الآن فصاعداً، وقل له علة هذا القرار منك.

الإهمال بسبب العناد

هناك قسم آخر من المهملين، وهم المهملون الذين لا يقومون بفعل بعض الأمور التي يجب أن يفعلوها عناداً للغير وهذا موجود بكثرة عند المراهقين والفتيان في مقتبل العمر عادةً.

وأذكر أنني حينما كنتُ أقول لأحد أقربائي: أنت تعلم أن ذلك الفعل الذي فعلته لم يكن صحيحاً فلِمَ فعلته؟.

قال لي: أترى ذلك الشخص أنا أردت أن أعانده فقط، وأعرف أن هذا ليس بالأمر الصحيح لكن أحسست أن هناك نداءً داخلياً يناديني: أتجعل ذلك الشخص يسيطر عليك؟ إفعل ذلك الفعل الصحيح في وقت آخر لكن ليس الآن!.

والآن ماذا علينا أن نفعلَ لكي لا يسيطر علينا هذا النداء الداخلي، ونفعل ما هو صحيح، ولا ندع العناد يُبعدنا عن هدفنا؟ وسنذكر طرقاً للمساعدة في هذا الطريق منها:

1 -التذكير بالأهمية وبالنتائج

أول شيء نستطيع أن نفعله هو أن نتذكر أهمية ذلك الشيء، وإلى نتيجة الفعل خالياً من ذلك الكلام الذي قيل لنا، هل هذا الشيء الذي أفعله مفيد بالنسبة لي؟ بدل أن أفكر كيف قيل الكلام لي، يجب عليَّ أن أفكر بالنتائج التي سأصل إليها؟ فالتفكير بالنتيجة يجعلك تهتم بالمقدمة.

2 - نعلمهم

الأمر الآخر الذي نستطيع أن نفعله، هو أن نقول لهم كيف نحب أن يتم الطلب منا لكي يؤدي ذلك الطلب إلى الفعل.

مثلاً تقول للأب والأم والأخ والزوجة والأصدقاء: بأنك لا تحب أن يكون الطلب بأسلوب استعلائي وكأن الشخص يأمرك وعليك التنفيذ.

الفصل الثاني: ليسَ لديَّ وقتٌ للتبرير

كأن تقول: أرجو أن تطلبوا مني بهذه الطريقة، فهذا ينقل إليَّ إحساس أفضل بكثير، وأنت أيضاً عندما تريد أن تطلب من أحد ما شيئاً عليك أن تُراعي هذه الأمور!.

لكن كيف هي الطريقة المثالية للطلب من الآخرين؟

اطلب بأناقة

ومعنى الطلب بأناقة، هو أن تطلب بأسلوب لبق، أي أنه إذا كانت هنالك طريقة، ومجال لكي يتم تنفيذ ذلك الطلب الذي طلبناه ينفذه من أجلنا، لا أنه سيقبل أي طلب نطلبه نحن منه.

وهي عبارة عن ست مراحل وكلما راعيت المراحل كان أفضل لك.

1- ذكر اسم الشخص «إن كان ممكناً»

2 - هل من الممكن أن طلب منك «أو من قبيل هذه العبارة» + بيان الحاجة:

وبعد إن رأيت أن ذكر اسم الشخص مناسب أو لا؟ تأتي المرحلة الثانية وتقول عبارة: «هل من الممكن أن..» أو ما يشبهها مع بيان ذلك الشيء الذي تريده بشفافية ومن غير إبهام.

3 - قول السَّبب «مستحب»

4 - اعطاء ضمان «على الأرجح»

ولكن ما هو الضمان؟ هو الشيء الذي يعطي للمُعطى راحة البال ويقلل أو يمسح ذلك الخوف من ذلك الطلب إن كان موجوداً.

هذين المرحلتين تعطيان للمعطى تبريراً، ودافعاً أكثر للقيام لك بذلك الشيء المطلوب.

5 - اعطاء حق للانتخاب + الشكر «رافع للخجل»

ومن ثم تعطيه حق الانتخاب لكي لا يكون هنالك إحراج ويوافق فكما أن حاجتنا مهمة لنا فإن إحساس الشخص الآخر أيضاً مهم ونحن لا يجب أن ننساه، لا أن نأخذه في الحديث إلى زاوية نجبره أن يعطينا ما نريد ومع الأسف هذه الطريقة موجودة عند البعض ويعتبرونها مهارة!.

+ ومن ثم نشكره على جهوده، فهذا يعطيه إحساس بأن الشخص الذي يقابله شخص يقدِّر الأفعال التي تُفعل من أجل الآخرين.

6 - إن كان موافقاً على طلبك، فما هي الخطوة التي تليها؟

حسنا بعد أن وافق نعيِّن ماذا يجب أن نفعل الآن؟ ماذا نفعل لكي نحصل على ذلك الطلب؟

هذه المراحل كلها مستحبة وتساعد لكي يستجيب ويتعاون معك المخاطَب ويكون له إحساس جيد تجاه هذا الطلب، وقد يتم تغيير بعض الخطوات بناء على الموقف، وحسب الظروف المختلفة.

مثال:

حبيبي عيسى

هل من الممكن أن تقرضني مليون دينار؟

لأنني أحتاج أن أحوِّل هذا المال للعائلة في العراق بأسرع وقت ممكن

وسوف أعطيك شيكاً بهذا المبلغ

طبعاً إذا كانت لديك المقدرة على ذلك

وسأكون ممتناً للغاية وأجرك وثوابك على اللَّه.

3 - صناعة معجم للمعاني

وأما الطريقة الثالثة لكي نعرف ماذا نفعل إذا أصبحنا عنوديين هو أن نصنع معجماً خاصاً بنا!

في الأماكن التي يتم أمرنا بكثرة ونصبح عنوديين فجأة، نستطيع أن نصنع لأنفسنا قاموساً، ونحل هذا الأمر.

مثال، إذا قال لنا: يجب عليك أن تفعل هذا الأمر، فنترجمه لأنفسنا، إذا أعجبك الأمر إفعله، وإذا لم يعجبك فلا تفعله، وأنا يُعجبني هذا الأمر فسأفعله.

قد يتبادر لكم أن هذا الأسلوب في غاية السخافة، وهذا ما كنتُ أتصوره أنا أيضاً.

لكن في الحقيقة هذا الأسلوب عملي للغاية! جرِّبوه فالتجربة لن تضرَّكم بشيء، فنحن بهذه الطريقة نريد أن نخفف على أنفسنا من شدة تأثير الكلام الذي قيل لنا، وهذا الأسلوب ليس مهماً بالنسبة لنا لكن ما يفعله بنا هو المهم وإن كان ظاهر هذا الأسلوب غير جذاب، لكن النتيجة التي ستؤدي الى القيام بذلك الفعل هي مهمة لنا لا الظاهر.

لماذا أنا متخلف؟

الإهمال بسبب الخوف من الفشل والنجاح

أحد الأنواع الأخرى من الإهمال وهو متداول جداً في أوساط شبابنا، هو الإهمال بسبب الخوف من الفشل، والإهمال بسبب الخوف من النجاح!.

بسبب الخوف من النجاح هل هذا معقول؟!

نعم بسبب الخوف من النجاح، لأنه في كثير من الأحيان نهملُ ليس بعلة الكسل لكن لأننا نخاف من أن نفشل، وكيف سينظر إلينا الناس إن فشلنا ونبدأ بالحديث مع أنفسنا بـ:

هل سأستطيع القيام بهذا العمل؟ وإذا لم أنجح ماذا سيحدث؟

وإذا نجحت ماذا سيحدث؟ هل لدي القدرة على السيطرة على الأمور بعد النجاح؟

في هذه الصورة في الواقع نحن نخاف من الفشل في ذلك النجاح الذي سنحصل عليه!

ورأي الآخرين فينا وفي أعمالنا هو أحد أهم الأمور التي تسبب لنا الإهمال، ولكن تذكر أنك لا تعيش من أجل الغير -على الرغم انك جزء من كل- فأنت تعيش من أجل نفسك وعلى هذا فلا يجب أبداً أن يهمنا رأي الآخرين بنسبة معينة وليس مطلقة.

ملحوظة: ولكن لا نقصد أن لا تهمنا حقوق الآخرين أو نتعدى عليها لكن ما نقصده هو، علينا أن نحذر من العيش بطريقة نريد جلب تأييد ورضا الآخرين.

الفشل ليس أمراً غير صحيح

أول أسلوب -حتى نستطيع أن نحذف الخوف من الفشل- هو أن نعرف أن الفشل ليس بالأمر غير الصحيح، بل قد يكون الفشل هو طريق للنجاح، والشيء الذي قد تعلمناه في المدارس، و العائلة، والمجتمع و.. هو أنه عليك أن تنجح ولا تفشل، والحال أن الطريق إلى النجاح ليست بهذه الطريقة دائماً.

إذا لم نكن مستعدين للفشل.
فلن يظهر منا أي إبداع.
ولن نكتشف أي شيء جديد.

فأنت لا تفشل، بل أنت تتعلم، تتطور، وتصبح أفضل من الشيء الذي كنت عليه.

افترضوا أن جميع الناس في العالم كانت لديهم هذه الرؤية، وهو أن عليهم أن لا يفشلوا.

ماذا كان سيحدث؟ في هذه الحالة لم يكن ليخترع، أو يصنع أي مصباح كهربائي، أو طائرة، أو هاتف محمول، أو انترنت، أو حتى أنا وأنت لم نكن موجودين لولا فشل آبائنا في البداية واصرارهم في صناعة بعض الأمور الحياتية كصناعة الأسلحة للدفاع واصطياد الحيوانات .

إذاً علينا أن نفهم بأن الفشل ليس أمراً سيئاً، بل الفشل هو من طريق النجاح، وهو يزيد من تجاربنا، ولكن الخوف من الفشل هو الأمر السيء والفظيع الذي نواجهه.

وفي التكملة سأذكر لكم بحث لطيف عن التغيير من كتاب Switch والذي كتب بواسطة dan heath وchip heath .

توغَّل في الأعمال

أحد الأشياء التي نستطيع أن نفعلها لكي نقابل هذا النوع من الإهمال، هو أن تقفز في عمق ذلك العمل، أي ندخل ذلك العمل، وكن كما قال الإمام عليعليه السلام: «**إِذَا هِبْتَ أَمْراً فَقَعْ فِيهِ، فَإِنَّ شِدَّةَ تَوَقِّيهِ أَعْظَمُ مِمَّا تَخَافُ مِنْهُ**»[1]، فيكون ذلك العمل بالنسبة لنا واقع حال، طبعاً يمكن تطبيق هذا الأمر في الأعمال التي لا يكون مجازفتها كبيرة جداً بالنسبة لنا.

---

(1) نهج البلاغة: ح 165

فإذا كنتم تخافون الفشل أوقعوا أنفسكم في ذلك الظرف، فإذا كنتم تريدون تعلُّم السِّباحة عليكم أن تقفزوا في حوض السباحة، لأنكم لن تتعلموا السباحة أبداً بالمشي حول المسبح.

فإحدى الطرق لكي تتخلص من ذلك الخوف هو التوغل في ذلك العمل لكن العمل الذي لا تكون فيها مجازفات كثيرة.

لا تتنبأ!

أحد الأغلاط التي نقع فيها، وينتج عنها الإهمال، هي أننا نتنبأ الحالات، والظروف السلبية المختلفة وبواسطة هذا الحديث الذي يدور في الذهن، ترانا نكبِّر الموضوع إلى شيء عظيم، ونعمل من الحبة قبة!

أرى بعض الأشخاص حينما يريدون أن يتزوجوا تتبادر لهم مخاوف ويقولون:

ماذا لو لم أعجبها؟

ماذا لو تزوجت وأراد صاحب المنزل أن يخرجني؟

ماذا لو تمَّت تربية أطفالي بطريقة سيئة؟

ماذا لو أردنا أن ننفصل؟ من أين آتي بمهرها؟

وتراه يخترع آلاف الأسئلة والافتراضات، فهذه المخاوف تكبر إلى درجة تبيِّن لنا أن الزواج هو مجموعة من المشاكل وطيحان حظ!

ويخرج صاحب هذه الفكرة، فكرة الزواج من رأسه نهائياً. وقد يكون لطيفاً لكم أن تعرفوا أن 85% من هذه الأفكار السلبية لا تتحقق أبداً، وأنها مجرد أوهام، لكن لأننا نهتم بهذه الأفكار أكثر من اللازم، نصنع منها لأنفسنا مشاكل كثيره.

علينا أن نستجمع المعلومات من مكانها الصحيح، وإذا صادفنا موارد مثل إذا فعلتُ هذا الشيء سيحدث هذا ثم هذا ثم هذا! اعرف أنك بدأت بالتنبؤ وقراءات المستقبل، وأن بهذا العمل خوفنا من الفشل سيزداد، فنقوم بتضخيم

بعض الأحداث إلى درجة نرى ماذا سيحدث في أسوء حال؟

وبهذا الأمر نحن سنزيد خوفنا كثيراً، لأننا قد حوَّلنا الموضوع إلى كارثة مرعبة.

في هذه الصورة علينا أن نقول لأنفسنا: أنا أريد أن أفعل هذا الأمر، وأعرف أن بعض الأمور الكارثية قد تحدث أيضاً، لكن احتمال هذا قليل جداً، وإذا وقع القدر وحدث هذا فلا بأس فهذا أفضل من عدم فعل شيء!

مايكل جوردن لديه عبارة جميلة تقول: «أستطيع أن أتقبل الفشل، لكن ليس بوسعي قبول عدم السعي أبدا»!

النماذج الناجحة

إحدى أفضل اللحظات التي يمكن أن تكون للشخص الناجح هي قضاء الوقت مع أشخاص أنجح منه في مجاله!

والشيء الجيد حيال التكلم معهم، ومعرفة تحدياتهم، هو أن تلك التوقعات الخيالية من أن الشخص لا يجب أن يفشل، أو يحدث معه مشكلة تزال من تفكيره، فنحن نرى حياة الأشخاص الناجحين كما نرى نافذات المحلات ظاهرها فقط، ولا نعلم ما دار ويدور في داخلها.

والشيء اللطيف هو أننا عندما نتكلم معهم في كثير من الأحيان نصل إلى نتيجة أنه كان لدينا إمكانيات، وفرص أكثر منهم لكن هم تحلوا بالشجاعة، واغتنموا فرصهم، ولم يخافوا من الفشل.

مَنْ قال: أنه يجب علينا ألا نفشل؟

هنالك شخص واحد لا يفشل أ تعرفون مَنْ هو؟ إنه الشخص الذي لا يُقدم أصلاً.

الحياة هي عبارة عن مجموعة تجارب لا نمرُّ في أي مرحلة من مراحل حياتنا، إلا وهي تزيد من تجربتنا، وتعطينا رؤية جديدة.

فيجب علينا أن نفشل، ونفشل كثيراً حتى نصبح أقوى، وبقوة أكبر نكمل

طريقنا ومشوار حياتنا، ولو تعلم أنتَ كم مرَّة وقعتَ قبل أن تمشي خطوتك الأولى، فلولا تلك السقطات لبقيت تزحف على بطنك أيها العزيز، فالفشل هو جزء أساسي من طريق النجاح المبني على التجربة والتدريب.

ولذا ربنا سبحانه يقول: ﴿فَإِنَّ مَعَ ٱلۡعُسۡرِ يُسۡرًا ۝ إِنَّ مَعَ ٱلۡعُسۡرِ يُسۡرًا﴾[1]

فالشخص الذي يخاف من الفشل لديه مشكلة إما في تقديره لذاته، وإما في ثقته بنفسه، أو كلاهما وهنا قد تكون الكارثة.

(1) سورة الشرح: 6

الفصل الثالث
اصنع نفسَكَ بنفسِكَ

الفصل الثالث:
اصنع نفسَكَ بنفسِكَ

الثقة بالنفس

عندما تكون ثقتنا بأنفسنا ضعيفةً، أو مهزوزةً، فهذا معناه أن مهارتنا في ذلك الشيء ليست بالشكل المطلوب، وعلينا تقويتها بستخدام التمارين الصحيحة، وعندما لا نستطيع التكلم، والرد على الشخص لأننا نخجل فهذا معناه أن علينا أن نتعلم تمارين رفع الخجل، وعندما تكون ردَّة فعلنا قويَّة تجاه شخص معين فهذا معناه أنه يجب أن نعمل أكثر على مهارة السيطرة على الغضب، وعندما ينتقدنا الآخرون أو يستهزئون بنا ما هي الطريقة المناسبة للرد عليهم، وهنا نحتاج إلى مهارة التعامل مع الآخرين، وعندما نتعلم هذه المهارات، ومع الذهنية المناسبة، فإذا وقعنا في نفس ذلك الموقف مجدداً سيكون لدينا ثقة بالنفس أكبر، ونعمل بصورة أفضل، وبتكرارها ستتحول إلى عادة عندنا.

تعريف الثقة بالنفس

هنالك تعاريف كثيرة للثقة بالنفس ولكن إحدى أدق التعاريف هي: «وجود الذهنية المناسبة + وجود المهارة المطلوبة».

فحينما تكون هاتان موجودتين مع بعض تتولَّد الثقة بالنفس، والتي هي قابلة للرؤية من قبل الآخرين وليس خفية عليهم لأنها تظهر من ردات فعلنا في المجتمع.

كالتكلم في مجموعة من الناس فنحن في البداية بحاجة إلى تعلم هذه المهارة، والقيام بالتمارين الصحيحة لكي نحصل على هذه المهارة، وأيضاً

لماذا أنا متخلف؟

نحتاج إلى أن نُكوِّن لأنفسنا ذهنيَّةً مناسبةً لفعل هذا الأمر، والذهنية المناسبة هو مثل: ألا نوتِّر أنفسنا بالخوف بأننا سنفشل، أو مثلاً أنا لا أقدر وسوف يضحكون عليَّ.. الخ، من هذه العبارات، والذهنيات الغير صحيحة في رؤية الموقف، و نرى هذا بكثرة عند النساء في سياقة السيارة حيث أنهن يملكن تلك المهارة لكن الكثير منهن لا تملك تلك الذهنية المناسبة للقيام بفعل السياقة.

ولكي تتولد لنا مهارة في أي شيء يجب أن نتعوَّد على فعل ذلك الشيء، أو بعبارة أخرى يجب أن يتولد لنا المسار العصبي الصحيح، لتلك المهارة فما هو المسار العصبي يا ترى؟

المسار العصبي[1]

جميع عاداتنا ومهاراتنا عبارة عن مجموعة من المسارات العصبية المتشكلة عبر سنين.

وحتى تتولد عندنا أي عادة، أو مهارة، يجب أن نبني لها المسار العصبي، ولكن كيف نبني المسار العصبي؟ يكون ذلك بالمداومة والاستمرار في فعل ذلك الشيء بالطريقة الصحيحة، وبدايةً لن يكون أمراً سهلاً وسريعاً بناء هذا المسار، ففي بداية بناء هذا المسار سيأخذ الكثير من طاقتنا و انتباهنا لكن شيئاً فشيئاً يقل ذلك الاستهلاك من الطاقة ويتحول إلى شيء اتوماتيكي عادي.

كتعلم السياقة، ففي البداية يكون كل انتباهك على كل جزء من السيارة، ولا تريد أن يُشتت انتباهك أي شيء أو أحد، وتغلق الراديو من أجل أن تُركِّز على هذا الفعل بالضبط! فأي حدث صغير قد يُلهيك عن السياقة، ويُشتتك انتباهك عنها، وهذا قد يؤدي إلى حادث، ولكن مع التدريب والوقت تصبح عندك السياقة مثل شرب الماء بديهي للغاية وتقوم بها من غير جهد يذكر.

---

(1) Neural pathway

يتشكل هذا المسار شيئاً فشيئاً، ففي كل مره نتمرَّن ترسل هذه الخلايا معلومات إلى بعضها لكي تقترب أكثر فأكثر، وكلما اقتربا أكثر كلما أصبحنا ماهرين أكثر في ذلك الأمر الذي نتدرب عليه.

مثل قراءة الكتب في بادئ الأمر نجده أمراً شاقاً ومتعباً ولكن مع الاستمرار يسهل ويتحول إلى عادة يومية، وهكذا كل المهارات الأخرى تبدأ صعبة ثم تسهل حتى تصير مَلكة.

ففي أدمغتنا هنالك ١٠٠ مليار خلية عصبية موجودة وجاهزة للإرتباط بباقي الخلايا وكل خلية قادرة على الإرتباط بما يقارب بـ ١٠ آلاف إرتباط مع سائر الخلايا الأُخر وكل ارتباط يمثل فعل وعادة فينا فلماذا لا نستثمر عقولنا الجبارة؟.

فلدينا الكثير من المسارات العصبية في أدمغتنا سواء أكانت مسارات عصبية جيدة كالإبتسام في وجه الآخرين، أم مسارات عصبية سيئة كالإنفعال السريع في مواجهة المواقف، وغيرهم.

والمسارات العصبية قابلة للتغيير، والتصحيح، فلحُسن الحظ أن أدمغتنا مرنة جداً، فالدماغ قادر على التغير، والتكيُّف مع الشرائط، والظروف الجديدة، فيمكننا دائماً تغيير طريق ذلك المسار العصبي الغير صحيح بفعل الأمر الصحيح، فعندما نترك ذلك الفعل السيء سيبدأ ذلك المسار و ذلك الطريق التي تم بناءه من أجل تلك العادة بالضعف بالتدريج.

وقد يستغرق هذا مدة أكبر من المكان الذي لم يكن هنالك أي المسار عصبي أساساً، فهذا المسار و الذي هو كالجسر عليه أن يُدمَّر، ومن ثم يتم بناء جسر في الطريق الصحيح.

ولكي يتوضح المسار العصبي أكثر جهزنا هذا الفيديو من أجلكم:

الرابط: https://mmaash.com/**bookgifts/**

في بعض الأحيان ونحن في حال بناء مسار عصبي جديد يبدر منا تصرف غير موافق لذلك المسير العصبي مثلاً نحن نريد بناء مسير العصبي للّهدوء، والحلم في الدماغ، لكن فجاءة يتفعل ذلك المسير العصبي القديم، وهو الغضب فينا فماذا نفعل يا ترى؟

في البداية علينا القول: بأن الرجوع بين الحين والآخر إلى ذلك المسير القديم هو أمر طبيعي و كلما استخدمنا ذلك المسير العصبي الجديد أكثر كلما أصبح ثابتاً وراسخاً أكثر.

ولكن حتى بعد أن تصرفنا ذلك التصرف غير مرغوب باستخدمنا التصور

الذهني، سنقوم بالاستمرار ببناء ذلك المسير العصبي الذي نريده و إن اخطئنا التصرف.

التصور الذهني[1]

كل أفكارنا مبنية على تلك الأشكال التي في ذهننا نراها فحينما أقول لك «سيارة» أنت لا تبدأ بتصور «س ي ا ر ة» بل يتبادر في ذهنك ذلك المعنى المشخَّص للسيارة، وحينما أسالك ما لون باب منزلكم تبدأ مباشرةً بتخيُّل لون الباب، أو حينما يقال: «ديك أبيض» يتبادر لك في ذهنك و بشكل لا واعي صورة لـ«ديك أبيض» وليس صورة ديك الجن الحمصي الشاعر.

فالتصور الذهني، معناه حضور صورة الأشياء عند العقل، أو بعبارة بسيطة هي أنك تتخيل، و تتصور في ذهنك.

كيف يساعدنا التصور الذهني؟

حينما نقوم بتصور ذلك الفعل، والتصرف الذي نحن نريد بناء مسيره العصبي، يقوم العقل و بواسطة ذلك التصور الذهني في تكملة صنع ذلك المسير، فالعقل لا يعرف ما هو الاختلاف بين التصور والواقع، فهو يتقبل الاثنين على أنهما واقع، وبعبارة أخرى عندما تقوم بتصور شيء، و عندما يحدث شيء بالفعل في الخارج كلاهما واحد بالنسبة للعقل.

وكلما كان ذلك التصور مع جزئيات أكثر كان تأثيره أكثر، وحينما تتصور ضع ودقق في أصغر الجزئيات كاللون، الرائحة، الملمس، وكل شيء لأن لها تأثيرها في الدماغ.

دعونا نجرب ولكي تتلمسوا هذا البحث ويصبح شفافاً أكثر لكم، أريد منكم أن تجلسوا بصورة مريحة وفي مكان هادئ وتتصوروا وتتأملوا أنفسكم وتستمعوا الى هذا التسجيل الصوتي الذي قد جهزته لكم في قسم الهدايا.

---

(1) Visualization

الرابط: https://mmaash.com/bookgifts/

حسناً كيف هو حالكم؟ هل لديكم إحساس جميل؟

الشخص الذي فعل هذا التصور بالدِّقة التي قلناها بلاشك لديه الآن إحساس رائع و فريد، هذه الأمور لم يكن لها أي وجود خارجي! ولكن أتعلمون ماذا؟ لأن العقل لا يعرف الاختلاف بين الواقع والخيال، من الممكن بدأتم الآن إدراك قوة التصوُّر الذي للذهن البشري.

إن التصور الذهني وسيلة، وطريقة لكي نستطيع بواسطة استخدامها إيجاد تغييرات إيجابية في حياتنا فهي تساعدنا في بناء المسارات العصبية التي نريدها.

الفصل الثالث: اصنع نفسَكَ بنفسِكَ

وصلابة وقوة كل مسار متعلق بالمدَّة التي كنا نقوم بذلك الشيء ففي كل مرة نكرر ذلك الفعل، و تلك العادة نقوم بتثبيت تلك العادة أكثر في أنفسنا، فممارسة ركوب الدرَّاجة من عمر السبع السنوات يختلف كثيراً مع الذي بدأ بالممارسة في سن العشرين، وفي بعض الأحيان تكون تلك العادة السيئة في أعماقنا إلى درجة أننا نخشى التفكير حتى عن الإقلاع عن تلك العادة كعادة شرب السجائر عند كبار السن!

وأحد الكوارث التي يفعلها البعض في بعض المؤسسات هو أن يختبروا الناس اختبار الذكاء «IQ» لكي يعينوا مدى ذكاء الشخص!

واللطيف أن نفس الشخص المخترع لاختبار الـ«IQ» وهو «الفريد بينيه»[1] يقول: «أن بعض الفلاسفة يدَّعون أن ذكاء كل شخص ثابت، عليَّ أن أعترض على هذا الرؤية الوحشية».

إن عقل الإنسان هو العضو الوحيد الذي يستمر إلى آخر لحظة في حياته لا تتوقف تغيراته و نموه وتطوره.

يقول اسطورة النوروساينس«العلوم العصبية» مايكل مرزنيج: «أي شيء ممكن أن يحدث في عقل الشاب فهو في ذهن كبار السن أيضاً ممكن أن يحدث».

يمكننا بناء ذلك المسار دائماً، وفي كل سن من العمر، وليس فقط في الطفولة قد يكون في الكبر تحدياً أكبر لبناء المسار لأنه يحتاج لوقت أكثر لكن لازال ممكناً.

فالمسار العصبي يحتاج إلى صبر + إستمرارية، ومن ثم سنرى أنها أصبحت عادة عندنا وإننا نقوم بها بكل سهولة، ومن دون أي جهد يُذكر.

(1) Alfred Binet

فإذاً من بعد اليوم لن أقول: «أنا لا أستطيع»، بل سأقول: «المسار العصبي لم يتشكل لدي بعد!»

المسارات العصبية المترابطة

لدينا مسارات عصبية كثيرة، ومترابطة، وحينما تتفعل إحدى المسارات العصبية قد تفعل معها مسارات عصبية أخرى أيضاً مرتبطة بها كضغط زر الكهرباء في صالة الألعاب فحينما تضغطه تضاء الأضواء، وتبدأ كل الألعاب المرتبطة بتلك النقطة الكهربائية بالعمل.

والخلايا التي تعمل مع بعضها ستتصل فيما بينها، وتصبح في العمل مترابطة، فعندما تعمل إحدهما تعمل الأخرى معها آلياً.

هل حدث وأن سمعتم شخصاً يقول: كل شيء يذكرني بها.. أذهب وآكل الطعام فأتذكرها، أشاهد التلفاز أتذكرها، فكل شيء أفعله أتذكر أمي المرحومة.

والقصة هي عبارة عن أن ذلك الشخص كان يعيش مع أمه لسنوات طويلة، وأصبحت رائحة المنزل تُذكِّره بأمه دائماً، لماذا؟ لأن الأم وهذه الرائحة الخاصة كانتا مع بعض دائماً فلأن هذه الخلايا عملت مع بعضها تمَّ اتصالها مع بعض، وبشمِّ رائحة ذلك المنزل يتبادر لنا ذلك الشخص فوراً.

ولهذا تجد أن ترك بعض العادات السيئة صعبة بالنسبة لنا، مع أننا نعرف أنها سيئة، وذلك لأننا لدينا خلايا مرتبطة بتلك العادة، وكانت تلك العادة تذكرنا ببعض الأمور التي نحبها فعدم فعل تلك العادة السيئة لن تعمل تلك الخلايا التي تذكرنا بتلك الذكريات والأمور الجميلة.

الآن قد نكون عرفنا لماذا لا نحب قراءة أي كتاب تنموي، وأي كتاب على الاطلاق؟

وذلك لأننا متى آخر مرة كنا قد قرأنا كتاباً؟ في المدرسة؟

ولماذا كنا نقرؤه بالمدرسة؟ من أجل الإمتحان، وهل كنا نحب الإمتحان؟ والإمتحان صعب ومكروه.

نعم هكذا قد تمَّ ربط هذه الخلايا ببعض، نأخذ الكتاب بيدنا فتنفعل تلك الخلية المرتبطة بالكتاب، والإمتحان الغير محبوب ولا مرغوب، فهي لا تخبرنا أو تستأذننا لكي تعمل وإنما تعمل بصورة لا ندرك هذا الشيء فنبتعد بصورة أتوماتيكية آلية عن مطالعة الكتاب، فنلقي به ونبتعد عنه، ولا نعلم بالضبط لماذا، فقط نعرف أننا لا نحب القراءة حالياً.

والحل: الخلايا التي لا تعمل مع بعضها لن تتصل ببعض، وبعبارة بسيطة: الشخص الذي فقد عزيزاً ستبدأ الخلايا المرتبطة بالعمل، وسيتذكر ذلك الشخص الذي فقده، ويتبادر له الحزن والاشتياق، وما إلى ذلك، لكن بعد فترة تلك الخلايا التي كانت حين موقف خاص تذكر ذلك الشخص بالمفقود تبدأ بالانطفاء، وتقلل مفعولها شيئاً فشيئاً، فهي تقول لقد رحل ذلك الشخص ولم يحدث لي أي شيء أنا بأمان! وتبدأ عملية النسيان.

فقراءة الكتب أيضاً قد تتفاعل معها تلك الخلايا التي تريد أن تُبعدنا عن القراءة بسبب تلك الذكريات الغير جذابة لكن مع مقاومة تلك الخلايا التي تريد أن تبعدنا تبدأ الخلية بالضعف بالتدرج، ويرحل ذلك الإحساس.

ولمحبي التحقيق الأكثر باستطاعتكم البحث عن هذا البحث بعبارة:

«The neurons that fire together wire together»

استعمله أو ستخسره! «Use it or lose it»

أي شيء في الجسم لا تستعمله ستخسره بالتدرج، فالعضو الذي لا يعمل يضمر، وهذا الأمر في الدماغ في غاية الأهمية.

هنالك أشخاص كثيرين في حياتنا نحبهم مثل الأصدقاء، والأخوة، والأقرباء لكن حب الوالدين هو حب مختلف تماماً.

ومن المؤلم أن نرى كبار السن في مختلف دول العالم، حينما يكبرون يبدأ

نشاطهم بالزيادة أكثر فأكثر لكن الكبار عندنا كلما كبروا كلما قلَّت الحركة، وازداد بقائهم بالبيت من دون حركة، فيتم تلبية طلباته، ومن غير حركة ظناً من أحبَّائه أن ما يقومون به محبَّة لكنها في الحقيقة خيانة له، لأن الأشخاص الكبار بحاجة للحركة أكثر من غيرهم فكلما قلَّت حركتهم كلما بدأت تلك المسارات العصبية بالاضمحلال عنده، وتصبح الحركة عليه أصعب بالتدرج.

كل هذا من أجل قانون «Use it or lose it» فبعدم حركته يصبح عصب الرِّجل أضعف ولهذا ينصح الأطباء كبار السن بالمشي على الرَّمل لكي يتحفَّز العصب للرِّجل، وعدم مشاهدة الأرض حين المشي أيضاً، وهذا من أكثر الأمور المرعبة عند كبار السن لأنهم يخافون من الوقوع، فحينما يأخذون مساعدة من العصب، والخلايا التي في العين سيستبب هذا في استخدام أقل للعصب في الرجل، ويسهل ذلك التحدي، والنتيجة تكون تضعيف تلك المسارات العصبية القديمة للرجل..

وكم سيكون رائعاً أن تذكروا هذه المعلومات للأشخاص الذين هم عزيزون عليكم.

ولا تقول: إنني أخجل أن أبيِّن لهم هذا أو أن من سيستمع إلى كلامي..

فحينما تريد أن تأتي بكأس من الماء لذلك الرجل الكبير في السن، إذا كنتَ فعلاً تحبه، وتريده أن يكون في صحة، وسلامة، لن تقول له سآتي لك بالماء! نحن لا نقول له: اذهب أنت «الشخص الكبير في السن» وأحضر الماء! بهذه الطريقة التي تكون بعيدة عن الأدب.

لكن وبعد أن وضَّحت هذه الأمور لذلك الشخص الكبير في السن، واستطعت اقناعه تدعوه لأن تذهبوا معاً وتحضروا ذلك الماء ليشرب.

وكل هذا من باب المحبة، ولأنك عرفت قانون «استعمله أو ستخسره»!

مثال آخر

متخرج لا تكلمني! بعض المتخرجين يتصرفون بطريقة، وكأنما بعد أن انتهوا من الدراسة الأكاديمية انتهوا بشكل كامل من التعلم، وأصبح الدماغ

ديكوراً، ويمكننا مشاهدة هذا الشيء بكثرة في المجتمع ولا يرون أن التعلم والتطور عملية مستمرة، فعلينا باستمرار أن نزيد من مهاراتنا، ونضع الدماغ في مرحلة العمل، والتحدي، وإذا لم نستخدمه فسنخسره، وكأننا نسلم على الزاهايمر من بعيد.

مبادرة

أكتب عادة واحدة تريد أن تخسرها، وعادة واحدة تريد أن تكسبها؟

_____

_____

العقول الثلاثة والتغيير

هذه الأمور لا تعمل معي..

ما هذا التخلف عش حياةً طبيعيةً..

ليس لدي الوقت فأنا مشغول جداً..

عبارات يخلقها الدماغ لكي يهرب من التغيير فلماذا يا ترى نقول هذا الكلام؟

الدماغ الثلاثي[1]

في هذا القسم من الكتاب نعتزم أن نتعرَّف على نظرية «الدماغ الثلاثي» لـ Paul d. Maclean الذي طرحها «ماكلين» فهو يعتقد أن دماغ الإنسان مقسَّم إلى ثلاثة أجزاء رئيسية هي:

---

(1) Triune brain

1 - الدماغ البدائي أو القديم «Reptilian Brain»

2 - الدماغ المياني أو العاطفي «Limbic System»

3 - الدماغ المنطقي أو نيو كورتيكس «Neocortex»

والشيء اللافت للانتباه، هو أن عمل كل واحد منهم يختلف عن الآخر فهناك تناقض كبير بينهم وكل قسم لديه رغبة مختلفة عن الآخر، ومعرفة هذه الأقسام ستساعدنا كثيراً في فهم الكثير من تصرفاتنا وكيفية التعامل معها:

-الدماغ البدائي

جميع الزواحف مثل الأفاعي، و السحليات و.. لديها هذا القسم، ووظيفتها الأصلية هي الحفاظ على حياتنا طبق الاحتياجات الأولية والضرورية للحياة.

والاحتياجات الأولية، هي عبارة عن الهواء، والماء، والغذاء، والنوم، وما الى ذلك من أمور غريزية.

وكشاهد على ذلك، حينما يتم رمي شيء نحونا، نقوم فجاءة بردَّة فعل سريعة بوضع يدك أمام وجهك، وهو أمر يتم بواسطة العقل البدائي، هذا هو عمل العقل البدائي، والذي في الظروف الخاصة يقول لنا: إما أن تحارب، وإما أن تهرب، لكي نبقى على قيد الحياة!

فيكفي أن تحبس تنفسَّك لعدة لحظات لكي تشاهد ردَّة فعل العقل البدائي، فهو يتدخل مباشرةً لكي تبقى على قيد الحياة، ويجبرك حتى تتنفس، والحال أنك كنت قد قررتَ عدم التنفس لكن للعقل القديم رأي آخر.

والعقل يحاول أن يستخدم أقل مقدار ممكن من الطاقة لأنه بالفعل لديه الكثير من الأمور، والأوامر التي يجب أن يعطيها، لكي يحافظ على طاقتنا، ويطمئن باستقراره وأمانه.

لكن هنالك وجه آخر لهذه القضية، وهي أن هذا العقل والذي هو ضروري

لبقائنا واستمرار حياتنا والذي يساعدنا في كثير من الأمور، يأتي وبصورة غير متوقعة، ويُخرِّب مخططاتنا، كيف؟.

وظيفة هذا العقل الحبيب ليس كما كنا نتصور فوظيفة العقل ليس تطورنا، وتحسننا، بل وظيفة هذا العقل هي الحفاظ على الحالة الفعلية!

فهذا معناه أن العقل لا يريد منا أن نتطور، أو أن يُنزل مستوانا لكن الحفاظ على هذه الحالة التي هو البقاء على قيد الحياة!

فهو يعيش في هذه اللحظة «الحاضر» يقول: هذه اللحظة هي آمنة دعنا لا نُغيِّرها والمستقبل ليس مهماً الآن.

قد تستغربون لمثل هذه المعلومة، ولكن يجب عليَّ القول: بأن الدليل على أن العقل يستخدم طاقة قليلة جداً، هو استخدامه طرقاً يكون استعمال الطاقة فيها دائماً منخفضاً، ولهذا الدماغ يحاول بسرعة أن يُحوِّل أي فعل إلى عادة لكي يتكون عنده قاعدة، وتنتقل إلى اللاوعي، يكون بذلك مصرفه أقل، ومثال ذلك، حينما أردنا أن نسوق لأول مرة أو كنا نريد أن نكتب لأول مرة، كان الدماغ يبذل طاقةً، وجهداً كثيراً، لكنه كان يسعى لكي يبدلها إلى عادة، وينقلها إلى اللاوعي لكي تتم بكل سهولة ولهذا بعد 6 أشهر نستطيع أن نسوق، وبكل سلاسة وسهولة.

- الدماغ العاطفي

أما الدماغ الثاني، هو الدماغ العاطفي، وأغلب عمله هو الأمور الإحساسية، والعاطفية للإنسان، وجميع الثديات لديها هذا القسم، وعمله هو إدارة العواطف مثل الحزن، والفرح، والحب، والغضب و..

ويشاركنا الدماغ العاطفي في اتخاذ أي قرار في حياتنا، وإحدى الأخطاء الكبيرة، هي أن نظن أنه بإمكاننا أن نتخذ أي قرار من غير العاطفة.

نحن البشر موجودات عاطفية أكثر من أن نكون موجودات منطقية، نُدخِّن ونعرف بضررها لكنها مسلية بالنسبة لنا، نأكل سندويشة المليئة بالدهون، والسعرات الحرارية لأنها لذيذة عندنا.

لكن إذا كنا نعرف أن اللقمة التالية ستسبب لنا الموت، أو أن السيجارة الأخيرة ستجعل شكلنا كالعجائز ستتغير عاطفتنا تجاه ذلك الشيء، ويكون تقريباً من المستحيل أن نقدم على ذلك الأمر.

- الدماغ المنطقي

وأما آخر دماغ، وهو الدماغ الحديث، وعمله البرهنة، والإستدلال، ووجود هذا الدماغ هو النقطة الفارقة بيننا وبين الحيوانات كلها كما يقول العلماء والأطباء.

الآن وأنتم تقرؤون، العقل المنطقي يقوم بتحليل هذه العبارات، وبعد ترتيب المحتوى يقوم بحفظها في الذاكرة.

رغبات مختلفة

بعد أن تعرفنا على الأدمغة الثلاثة نأتي ونتكلم عن رغبات كل دماغ، وكيف أن كل دماغ رغبته تختلف عن الأقسام الأخرى، وهناك ملاحظة أخيرة قبل أن ندخل في الموضوع، هي أن هذه الأدمغة الثلاثة تعمل مع بعضها في آن واحد، لا أنها في كل قرار يعمل واحد منها فقط.

رغبة الدماغ البدائي

كما عرفنا سابقاً، أن الدماغ البدائي، وظيفته الأصلية هي الحفاظ علينا لكي نبقى على قيد الحياة وهو يسعى جاهداً للحدِّ من استخدام الطاقة إلى أدنى مستوياتها، الضروري فقط.

ولهذا يحاول فلترة أي نشاط على القدر المستطاع حتى لا يصل إلى الدماغ

«العاطفي والحديث» رجاءً اسكتوا للحظة، واسمعوا الأصوات التي تأتي عليكم..

هذه الأصوات كانت موجودة من البداية، وكانت تأتي إلى مسامعنا لكن العقل البدائي كان يقول: «اتركها! ليس مهماً، استعمل طاقتك في الأمور الأهم».

طبعاً هذا أمر إيجابي، أننا لا نسمع كل الأصوات، وإلا كنا انزعجنا كثيراً من الاستماع إلى كل هذه الأصوات الموجودة من حولنا.

إحدى أهم الرغبات للدماغ البدائي، هي أن أي حدَث يحدث، يا ترى هل هو خطير؟

لأن أولوية هذا القسم من الدماغ هو الحفاظ على حياتنا، فعندما يكون أخانا مختبأً خلف الباب ويخرج إلينا فجاءةً، نأخذ حالة دفاعية فوراً، إما بسبب خوفنا فننسحب إلى الخلف، أو نهجم للأمام للمواجهة والمبارزة، وهي أوامر الدماغ البدائي، في الظروف الخاصة «إما أن تهرب، وإما أن تحارب»، ولكن بعد أن رأيت أخاك جيداً، فلا يمكن أن يكون هذا الشخص خطيراً عليك فتذهب تلك الحالة الدفاعية لدى هذا الدماغ ليعود الجسم إلى التوازن.

والدماغ لا يهمه هل هذا الخوف والحالة من الفزع منطقي أو لا! فلا يقول لنفسه أن الأبواب مقفلة ولا يمكن أن يأتي أي شخص من الخارج، ولهذا نرى أننا نخاف ونقفز من مكاننا بعد الخروج المفاجئ للأخ علينا، ولكن بعد لحظات ندرك أن تلك ردة الفعل لم تكن واجبة.

مثال آخر، عندما نلمس جسماً حاراً للغاية، فبدون أي لحظة انتظار نسحب يدنا وبعد عدة لحظات نبدأ بالإحساس بتلك الحرارة!

اذا كنتم قد لاحظتم هذا الشيء تعرفون أن المعلومات في البداية تنتقل إلى

الأجزاء الأبسط للدماغ ومن ثم وبعد لحظات تنتقل إلى القسم الآخر، وهو محل الألم في الدماغ العاطفي.

الدماغ يقوم باستهلاك 20% من طاقة الإنسان والحال أنه يكوّن فقط 2% من وزن الإنسان..

وهو في هذه اللحظة يقوم بقراءة العبارات، وتحليل المعلومات، وحفظها، وترتيبها، وهناك أيضاً أوامر أخرى مثل التنفس، وضربات القلب، والحفاظ على الدرجة المناسبة للجسم، ومئات الأوامر الأخرى التي لا علم لنا بها يقوم باصدارها.

فهو بالفعل لديه أكثر استخدام للطاقة في الأعضاء، ولأن وظيفته هي الحفاظ علينا دائماً يقول لنا: هل هو ضروري؟! ألا يمكن أن نفعل هذا لاحقاً؟ عش لحظتك الحالية، وسنتكلم عن هذا الموضوع لاحقا!

فهو في أمان في هذه اللحظة، ولا يرى أي داع لتغيير هذه الوضعية، وأي تغيير معناه أن عليه زيادة الاستخدام من الطاقة، وبالفعل هو يستخدم الكثير، ويستخدمها في الأشياء التي تبقينا على قيد الحياة.

وشعاره الأساسي هو كلا كلا للتغيير!

وباستطاعتكم البحث قليلاً عن الفعاليات المذهلة التي يقوم بها الدماغ، وستندهشوا بالنتائج و بالفعاليات التي يقوم بها من أجلنا.

وأكثر الإجابات التي قد حصلتها من شبابنا في التغيير والتطور هي تتبع هذه الاستراتيجية من الدماغ، ألا وهي حفظ الحالة الموجودة، وتكون العبارات بطريقة تسلب منا أي جهد، أو أي محاولة للتغيير، وبواسطة هذه العبارات لا يكلف الشاب نفسه أي جهد للتغيير ويزيح عن نفسه أي ضغط بأنه غير قادر على القيام بشيء حيال هذا الموضوع والأجوبة تكون بهذه الطريقة:

- ليس لدي حظ

- أي تطور؟ كله واسطات
- أبي ليس غنياً لكي استطيع أن أتطور
- ليس لدي تجربة كافية
- لقد كبرنا
- العائلة لا تدعمني
- في هذا المجتمع لا يمكن النجاح! الخ ..

عندما نأتي بهذه العبارات، التي هي بواسطة استراتيجية «حفظ الحالة الموجودة» لن نكلف أنفسنا أي شيء اطلاقاً، وجميع العبارات تربط أنفسها بعوامل خارجية، خارجة عن قدرتها ولن نسمع أبداً شخصا يقول:

- المشكلة هي منِّي أنا لم أسعَ وأحاول بالقدر الكافي!

نتعامل بطريقة وكأننا نقول: نحن من غير أي عيب، وأن كل مشكلات العالم هي من الخارج و ليست منا، وكأنما كل الموجودات في العالم متآمرة لكي لا يعيش هذا الشخص بسعادة و راحة.

جميع الأمهات والآباء يعتقدون أنهم الأفضل، وأن أي خطأ يحدث فهو خطأ الابن، وبعبارة أخرى أن أطفال هذا الزمن هم هكذا، هل سبق وأن رأيتَ أماً أو أباً، بدليل أن ابنهم قام بفعل سيء يقولان: إن تربيتنا كانت غير صحيحة، ولم أكن أباً أو أماً جيداً؟ أم أن جميعهم يلومون الأولاد، والعوامل الخارجية.

طبعاً هذا الكلام لا ينطبق على الجميع لكن يمكن مشاهدة مثل هذه الأمور بكثرة في مجتمعاتنا.

وإذا قلت: «أنا لم أكن أباً جيداً حتى الآن، ولا يهمني كيف كان ابني لكن لم أكن أنا بالشكل المطلوب» حينئذ سيتم الضغط على الدماغ! لأنه يعلم أن عليه إيجاد التفكير وإيجاد الحلول.

وبذلك سيستخدم طاقةً كبيرةً، ولذلك الدماغ يحب أن يعطينا جواباً مختصراً، أنه لا نفعل أي شيء حيال ذلك، فهو يحب أن تبقى حيث أنت ولا تفعل أي تغيير في حياتك.

كان همام «اسم افتراضي» شخص ذو أخلاق، وصاحب طموحات كثيرة في يوم من الأيام وبعد أن جلسنا نتكلم بدأ بطرح إحدى المشاريع التي يحب أن يبدأها، وكنت أنصحه حول بعض النقاط الاجرائية في المشروع، وبعض التحقيقات، وما فعلته بعض الشركات لكي تنجح لكن الجواب الذي في كل نقطة كنتُ أحصلها هي كانت: محمد هذه هي الدول الأوربية ولسنا نحن، في بلدنا حتى ليس لدينا كهرباء هناك فرق شاسع بيننا وبينهم «واللطيف أن ذلك الشيء الذي قلتُ له لم يكن له أي ارتباط بالكهرباء!»، وكنتُ استمر بذكر بعض الأمور المختلفة فكان يجيبني: هذه قد تحدث فيها هذه المشكلة، وقد يحدث فيها كذا وكذا!«وكأن هناك مشروع أو فكرة من غير مشكلة وتحدي».

في البداية كنتُ استغرب من هذه العبارات، لكن وبعد أن تعرَّفتُ على آلية عمل الدماغ فهمتُ أنه إذا قالوا: أن هذا الشيء ممكن، حينها عليهم أن يغيروا ويزيدوا من سعيهم، ولكن إذا قالوا لا! هذا غير قابل للتطبيق في بلدنا وياتوا بتبريرات مختلفة، سيصل الدماغ إلى هدفه، وهو حفظ الحالة الموجودة، وعدم التغيير!

رغبة الدِّماغ العاطفي

إن هذا الدماغ همه وتفكيره هو: هل هذا الذي يتم بحثه مملٌ؟ أم جذاب؟

ويحاول أن يُفلتر ويحجب أي موضوع غير جذاب، ويُركِّز فقط على الأمور الجذابة، لكي تتوضح لكم الصورة، تستطيعون أن تجلسوا وتسمعوا لشخص يتكلم بصورة مملة، وسوف ترون أن دماغكم العاطفي سيحاول بكل جهد أن يشتِّت انتباهكم عن هذا الشخص الممل إلى شيء آخر، إذاً إحدى

رغبات الدماغ العاطفي، هو أن يفلتر ويغض بصره عن الأمور المملة.

وإحدى الأمور التي لا يرغب فيها الدماغ العاطفي، هو الجزئيات الكثيرة فهو يحاول أن يتجنب أي تفصيل فهو يتعامل مع الكليات ويكره الجزئيات.

ولأن أساس هذا الدماغ هو الحصول على أكبر قدر من المتعة واللذة، فهو يقول لنا أن نتجنب الدِّقة، والتركيز على شيء واحد، ويسعى لعدم التركيز على شيء واحد، وقد تكونوا أحسستم كيف أن هذا الدماغ يسعى لتشتيت انتباهكم من قراءة، وتكملة هذا الكتاب إلى أمور أخرى يراها أكثر جاذبية ولذةً.

ومن الأمور الأخرى التي يفعلها هذا الدماغ وهو إحدى الأخطاء الإدراكية الموجودة فينا هو تعميم الصفات عند الشخص مثلاً حينما نسمع صوتاً جميلاً فمن المحتمل أن هذا الدماغ يقول لنا: لا بُد أن يكون الشخص جميلاً وخلوقاً أيضاً! أو إذا رأينا شخصاً جميلاً يتبادر لنا أنه إنسان غني و ذكي أيضاً! وهذا الخطأ الادراكي يسمى «أثر الهالة» فهو يأخذ أول صفة ويقوم بتعميمها.

فيمكن القول: أن الرغبة الرئيسية للدماغ العاطفي هو أن يكون له إحساس جميل ورائع في هذه اللحظة والآن لا لاحقاً، وفي المستقبل!

رغبة الدِّماغ الحديث أو المنطقي

الدماغ الأخير، هو الدماغ المنطقي وهو القسم الذي حينما نتكلم عن الدماغ نقصده هو بالذات، فإذاً هذا القسم لا يتطلب منا توضيحاً كثيراً، لكن يجدر الإشارة إلى أن هذا الدماغ حديثه الدائم هو هل هذا الأمر مفيد؟ وهل هو منطقي؟ وماذا ساستفيد منه؟ الخ..

مثال لعمل الأدمغة الثلاث

إذا كنتَ تشاهد برنامجاً وأردتَ القيام من أجل أن تذهب للقيام بأمر آخر فهكذا ستستجيب:

الدماغ البدائي: أين تريد الذهاب؟! اجلس وحافظ على طاقتك! فانت بحاجة إلى هذه الطاقة!

الدماغ العاطفي: هل بذهابنا سنستمتع أكثر أم بجلوسنا هنا؟ «ولهذا عندما نريد الذهاب إلى العمل فإننا نفضِّل أن نستمر ونشاهد هذا البرنامج لكن إذا كان لدينا موعد مع خطيبتنا سنطير للموعد وننسى أن نطفئ الجهاز الذي كنا نشاهد به البرنامج!»

الدماغ المنطقي: عليك اليوم أن تصبح أفضل من البارحة وتتجه نحو النجاح!

مشاجرة بين الأدمغة

كما تروون أن لكل دماغ رغبة مختلفة تماماً عن الأخرى! وهذا الأمر يصعِّب علينا التعامل معهم، والأمر المرعب هو أنه مع الأسف غالباً قوة العقل البدائي أكثر من الدماغين الآخرين، إلا إذا وصلنا إلى مرحلة الوعي، وحاولنا تقويته قدر المستطاع.

ومن بعد قوة الدماغ البدائي يأتي في المرتبة الثانية الدماغ العاطفي، ومن ثم الدماغ المنطقي.

ولهذا حينما نتخذ قراراً لفعل شيء صحيح، نتخذه بواسطة الدماغ المنطقي لكن بعد ذلك تأتي كل المخاوف، والوساوس و.. إلينا ومن ثم يستسلم الكثير في قبال الدماغ العاطفي والبدائي.

وكشاهد واضح على هذا انتبهوا الى هذا المثال: جميعنا نعلم أن شرب النرجيلة مضرة للصحة و ليس فيها أي فائدة «**الدماغ المنطقي**»، لكن ومع أننا نعلم ذلك نرى قلة قليلة هم الذين يمسكون أنفسهم أمام هذا الفعل، وذلك لأنهم يستمتعون بها «**الدماغ العاطفي**».

كما أن لكل مكاناً رباً واحداً ففي الدماغ كذلك، هناك واحد منهم يحكم

ولا يمكن في لحظة واحدة أن نرضي الثلاث مع بعض، فإذاً الآن نستطيع أن نعرف أن في كل لحظة هناك أحد هذه الأدمغة يحكم، ونعتزم الآن أن نبين طرق العملية بالكامل عن كيفية إدارة هذه العقول الثلاث.

توعية النفس

بالتأكيد إحدى أفضل الحلول لكي نتغلب على هذا الأمر هو الوصول إلى مرحلة الوعي بأن نعلم ماذا يحدث في دماغنا، ومعرفتنا أن أي تصرف نقوم به هو بواسطة أي دماغ يساعدنا لكي نوعي أنفسنا تجاه تصرفاتنا، ومن ثم نستطيع أن نسيطر عليها، ولا نقوم بكثير من الأمور الخاطئة.

وكمثال، حينما نحن نشرب مشروباً غازياً، نفكر لحظة بأن هذا القرار هو بواسطة الدماغ العاطفي والذي يحب اللذة، والطعم الجيد، ونذكِّر أنفسنا بأن هذه اللذة ليس وقتها مناسباً الآن ونترك المشروب ونعطي السيطرة للدماغ المنطقي.

فإذاً من المهم حينما نفعل أي عمل أن نسأل أنفسنا: أي دماغ الآن هو المسيطر عليَّ؟ والذي يقودني نحو ذلك الفعل، وأي دماغ من المفروض أن تتم تحويل السيطرة له، وعندما نعرف أي دماغ يقود، وأي واحد المفروض أن يقود، فاحتمال السيطرة عليه تزداد أكثر بكثير من الماضي.

اللذة لدماغ واحد فقط

الطريقة الثانية، هي عبارة عن أن نقرر أن لكل لحظة وفعل دماغاً واحداً يستمتع، أن نجيز لدماغ واحد فقط بالعمل، وأن نسعى لكي يستمتع دماغ واحد من تلك الوضعية.

مثال: الآن وأنتم تقرؤون هذا الكتاب فالدماغ المنطقي فرح، والدماغ البدائي، والعاطفي ليسا كذلك بل لديهما عروضاً أفضل بكثير! لكن أنتم الآن تُفرِحون الدماغ المنطقي، وتقولون للدماغين الآخرين أن بعد 30 دقيقة سيأتي

لماذا أنا متخلف؟

دوركما وسوف يعجبكما ذلك الشيء «الاستراحة وأكل طعام لذيذ».

وبذلك نعطي لهذه الأدمغة هذه العادة، وهي أن موعد كل دماغ سيصل، وكل ما عليهم القليل من الصبر.

فإذاً لنتعلم أن لا نرضي بين الأدمغة الثلاثة في آن واحد أبداً بل نكون في تغيير مستمر بينهم و نضع لكل واحد وقتاً مخصصاً به بما يرغب به ويتمناه منا.

مبادرة

في طوال هذا اليوم ما هي الأمور التي فعلتموها حسب رغبتهم:

رغبات الدماغ المنطقي:

_____

_____

رغبات الدماغ العاطفي:

_____

_____

رغبات الدماغ البدائي:

_____

_____

أتمنى أن لا تقعوا في هذا الخطأ، وتكونوا غير راضيين عن الدماغ البدائي، والدماغ العاطفي، فأي واحد من هذه الأدمغة لو لم تكن موجودة فبالتأكيد نحن أيضاً لم نكن موجودين! وبكل بساطة البشر كانوا ينقرضون ولهذا إدارة هذه الأدمغة ضروري جداً وأن لا ننسى أي واحد وأن لكل واحد أهميته في

صحتنا واستمرارنا في الحياة.

وكمثال، فإن احتياجات الدماغ البدائي والتي يجب أن نأخذها بمحمل الجدية هي:

- النوم الكافي
- أكل الطعام المناسب وشرب المياه بالمقدار اللازم
- الرياضة المناسبة.

وأما الدماغ العاطفي فهي:

- وجود الأمور الصغيرة التي تستمع بها
- الارتباط مع الأشخاص الذين نحبهم

وأما الدماغ المنطقي:

- القراءة وتعلم الأمور الجديدة
- التفكير بالأمور المختلفة
- مواجهة التحديات

هذه الموارد كانت مجرد أمثلة وبالتأكيد تستطيعون أن تاتوا بأمور أخرى أيضاً.

علينا أن نتعلم، أن ننتقل دائماً بين هذه الأدمغة وفي كل لحظة هناك دماغ واحد نركِّز عليه، و نجعله راضياً منا.

وكملاحظة أخيرة نقولها في هذا المبحث: هي أن أفضل طريقة لادراة هذه الأدمغة هي أن نزيد من وعينا دائماً بتصرفاتنا اليومية التي نقوم بها وبذلك نستطيع أن نكون واعين بكل فعل نفعله.

الفصل الرابع
كيفية عمل جهاز التحكم

الفصل الرابع:
كيفية عمل جهاز التحكم

جهاز التحكم الذاتي

جهاز التحكم الذي بيدنا يعمل فقط علينا، فنحن قادرون على تغيير أنفسنا، وهذا من اختيارنا، وقدرتنا، وأما تغيير الغير فهو ليس بإرادتنا، فقد يرغبون بذلك وقد لا يرغبون فالتغيير والسعادة ليس بالإجبار والإكراه، ولكن بالإختيار والمثل الانجليزي يقول: **«قد تستطيع أن تجبر الحصان أن يذهب إلى النهر، لكنك لن تستطيع أن تجبره على أن يشرب منه».**

تقبلهم كما هم، فأن تتقبلهم وتعرف أنهم لن يتغيروا كما تريد أنت وترغب سيريحك نفسياً، ويجعلك تركِّز أكثر على الأشياء التي بإمكانك تغييرها، ألا وهي نفسك أنت التي بين جنبيك، فهناك أمور علينا تقبلها وبتقبلها نُريح أنفسنا، ومَنْ حولنا، فهؤلاء يتصرفون بهذه الطريقة، وهذا شأنهم، ولكن أنت كيف تتصرف حيال هذا الموضوع؟ فهذا بإختيارك أنت!

عن أمير المؤمنين عليه السلام:

من نصب نفسه للناس إماما فعليه أن يبدأ بتعليم نفسه قبل تعليم غيره وليكن تأديبه بسيرته قبل تأديبه بلسانه[1]

أخوك يتصرف بطريقة عصبية، قد لا يمكنك فعل شيء حيال هذا الأمر، أما الشيء المؤكد هو، كيف تتصرف أنت حينما يكون عصبياً؟ ما هي الحلول والطرائق لأفضل حل؟

---

(1) بحار الأنوار: ج 2 ص 58

فهنالك طريقتان لرؤية هذا الموقف أحداها: التركيز على تصرف أخيك، وتقول: غيِّر من تصرفك فهذا التصرف غير لائق.

والطريقة الأخرى هي: التركيز على تصرفك وأن تقول: كيف يجب أن أتصرف حتى يُغير أخي من تصرفه هذا؟

والتغيير يبدأ منا فأفضل طريقة لكي ترغِّب الآخرين في التغيير هي أن تُبيِّن تلك التغييرات التي حدثت معك، وسبحانه وتعالى يقول: ﴿إِنَّ ٱللَّهَ لَا يُغَيِّرُ مَا بِقَوۡمٍ حَتَّىٰ يُغَيِّرُواْ مَا بِأَنفُسِهِمۡ﴾[1]

فتغيير هؤلاء ليس بيدي ولكن ما بيدي هو تغييري لنفسي، وكيف يتعاملون لا أعلم، وقد يكون لا شأن لي بذلك أصلاً، ولكن ما أعلمه، هو كيف يجب أن أتعامل مع الآخرين فهذا تحت سيطرتي.

خمسة أشخاصاً الذين حولك

انظر إلى أكثر خمسة أشخاص تقضي وقتك معهم مَنْ هم؟

واعلم أنك ستكون بمستواهم فإن كانوا أفضل فسيرفعونك معهم، أما إذا كان مستواهم أدنى فياللأسف سيأخذونك أيضاً معهم ويخفضونك، فالأشخاص هم أكثر عامل مؤثر علينا من بين جميع العوامل الخارجية الأخرى، فإذا كان أصدقاؤنا أناساً سلبيين، ومهملين، ويحبون التبرير والكسل، فسنصبح مثلهم عاجلاً أم آجلاً ما دمنا معهم..

وقال اللَّه «عزوجل» لعيسى: **«يا عيسى اعلم ان صاحب السوء يعدي وقرين السوء يردي واعلم من تقارن واختر لنفسك إخواناً من المؤمنين»**[2]

وكونوا على يقين بأننا لن نكون أفضل منهم بل بمستواهم تقريبا، ويحاول الكثير من هؤلاء أن يخدعوا أنفسهم بفائدة هؤلاء بأي طريقة، ويحتجوا بأنهم

(1) الرعد: 11

(2) الكافي: ج 8 ص 158

أناس ذو فائدة أو أنهم لا يتأثرون بهم.

جيم رون[1] لديه مقوله مشهورة تقول: « أنت لن تكون أبداً أفضل من 5 أشخاص الذين هم حولك، سواء في النجاح، أو في الثروة، أو في الاعتقادات، أو في أي شيء آخر».

واللطيف أنه في أغلب الموارد ليس لدينا أي إدراك، وعلم بتلك الشَّبَاهَات التي هي بيننا وبين أولئك الخمسة المقربين منا، ولماذا لا نستطيع رؤية تلك الشَّبَاهات؟ لأن الارتباطات لا تدفعنا وتجعلنا في ذلك الطريق مرة واحدة، لكنها في مدة من الزمن وببطء تبدأ بتغييركم، وآثارها جداً جزئية و غير محسوسة تماماً مثل القارب الصغير الذي تركبونها في البحر تظنون أنكم في مكان واحد ثابتين، وبعد مدة من الزمن تلاحظون أنكم وبواسطة الحركة الهادئة للمياه قد ابتعدتم عن الساحل بمسافة ليست بقليلة.

(1) Rohn Jim

لماذا أنا متخلف؟

الأهداف والطموح الذي لديكم قد يكون أكبر بكثير من المحيط الذي تعيشون به، وفي بعض الأحيان لكي تُحقق ذلك الهدف عليك أن تخرج من تلك الدائرة الضيقة والأمر شبيه جداً بزراعة النخلة في سندانة، فبعد أن احتلت جذور النخلة كل تلك السندانة سيتوقف نموها، فبعد الوصول إلى هذه المرحلة تحتاج النخلة لكي تكبر وتصبح أقوى إلى مساحة ومحيط أكبر، كذلك أنت.

الآن تذكروا مَنْ هم 5 أشخاص الذين حولك؟ وهل تريد أن تصبح مثلهم أم تريد أن تصبح أفضل بكثير منهم؟

مبادرة

اكتب اسم أكثر 5 أشخاص متواجدين في حياتك، الذين تقضي أكثر وقتك معهم، وما هو مستواهام بالقياس معك، وأعطِ لنفسك درجة من صفر إلى عشرة حسب المقدار الذي ترى مستوى كل واحد منهم بالنسبة لمستواك:

الشخص الأول _____ الدرجة _____

الشخص الثاني _____ الدرجة _____

الشخص الثالث _____ الدرجة _____

الشخص الرابع _____ الدرجة _____

الشخص الخامس _____ الدرجة _____

ولكن في الحقيقة أنت مع هؤلاء خوفاً من الوحدة، أو مرارة ترك المجموعة والشلّة، وجرح أحدهم، فتراهم يخونون أنفسهم، وقدراتهم العالية فيجبرون أنفسهم للبقاء معهم.

فأنت لكي تكون إنساناً مؤثراً أكثر يجب أن ترتقي من منصبك الحالي، وإذا كنت تقول بأنك تريد أن تساعد ذلك الإنسان الضعيف، والسلبي، وتكون بجواره، فهذا جيد بحدِّ ذاته ولكن عليك الحذر من التأثُّر القوي، والخفي لهذا الشخص عليك، فعليك أن تمسح هذا التأثير السلبي بالاشخاص الناجحين والايجابيين.

رفيق الدَّرب

إحدى الطرائق الناجحة، هي أن يكون لك كوتش[1]«مدرب»، أو شخص يكون بجوارك، ويبين لك أخطائك، ويجيب على أسئلتك ويُرشدك ويسددك في طريقك.

فهي عبارة عن مكالمة واعية بين الطرفين تهدف لتمكين الشخص لكي يعيش ويصل الى نتائج رائعة في حياته الشخصية وحياته المهنية.

فالكوتش هو مثل الشخص الموجود في قاعة السينما، يضيء لكم طريقكم بمصباحه، وتخطوا خطوة بعد خطوة على طريقكم حتى تصلوا إلى الكرسي المخصص لكم.

فالكوتش لن يحملك إلى الكرسي لكن يضيء لك الطريق ويجعل طريقك واضحاً لنفسك، ويدلك على الطريق لتستطيع الوصول إلى مكانك.

وعقيدة الكوتش هي ان كل شخص يستطيع ان يشخص ما هو أفضل طريق بالنسبة له وعلى الأغلب أن إجابة وحل كل مشكلة هي موجودة لدى الأشخاص بأنفسهم وكل ما يفعله الكوتش هو تبسيط هذا التحدي امام

---

(1) Coach

لماذا أنا متخلف؟

الأشخاص ويجعله شفافاً مع نفسه فالشخص هو الذي ينتخب وهو الذي يهدي تلك الجلسة الى الأمام.

والمدرب ليس مختصاً فقط بالرياضيين كما يعتقده البعض بل نحن أيضاً نحتاج إلى مدرب «كوتش» يكون معنا في طريق النجاح.

بيل غيتس صاحب شركة مايكروسافت واريك شميث صاحب شركة جوجل والكثير من المشاهير مثل اوبرا وينفري وسيرينا ويليامز لكي يصلوا إلى النجاح استعانوا بالمدربين، شخص يكون بجوارهم ويسمع تحدياتهم ويساعدهم كي يعبروا منها، وما هي المهارات التي هم بحاجة اليها في طريقهم.

ونحن لن نكون أبدا في الدرجة التي نستغني بها عن الكوتش، قد يكون لطيفاً أن تعرفوا أن برايان تريسي[1] وهو متحدث وخطيب في غاية الشهرة وحتى الآن قد درَّس ودرَّب ملايين الأشخاص و كتابه في فن الخطابة من أكثر الكتب في الخطابة مبيعاً حول العالم، لكن لديه أيضاً كوتش في الخطابة، فإذاً نحن لن نكون جيدين إلى تلك الدرجة، التي لا نحتاج بها إلى الكوتش.

Brian Tracy (1)

وقد يكون أكثر 5 أشخاص تعاشرهم، هم أشخاص لا يمكن تغييرهم كالأم، والأب، والأخ فهؤلاء ثابتين فماذا يمكن أن نفعل حيالهم؟

إحدى الطرائق الأخرى التي ستساعدنا في الحد من التأثيرات السلبية هي قراءة الكتب.

عندما تقرأ الكتاب فأنت كأنما قد أتيتَ بالكاتب، وجذبته إلى حياتك اليومية، وأصبح صديقك المقرب فتأثيره لن يكون أقل من تأثير هؤلاء الأشخاص الموجودين على أرض الواقع فمَنْ يا ترى لا يحب أن يصاحب برايان تريسي أو ستيف جابز.

تقبل هذه الوضعية التي لديك ومن جديد نقول: إبدأ التغيير في نفسك ودع تغييرك هو الذي يُحرك كل مَنْ حولك، وهذا ما أمرنا به أئمتنا: «**كونوا للناس دعاة بغير ألسنتكم**»[1]

أي بأعمالكم، فبعد أن يروا تلك النتائج العملية فيك، سيكون هذا أكبر اغراء من أجل تغييرهم، بتحملك مسؤولية حياتك تُحدث في حياتك فرقاً شاسعاً، لأنك الآن لا تبحث عن الالقاء اللوم على الآخرين في تصرفاتهم بل تبحث عن حلول لهذه التصرفات.

تحمل المسؤولية

معناها أنك تتحمل مسؤولية نتائج جميع نواحي حياتك 100% ولا تلوم إلا نفسك وتحمّل نفسك مسؤولية سعادتك الشخصية، ولا تنتظر أي أحد لكي يأتي ويُحسّن حياتك.

اللحظة التي كانت لديك قبل 5 دقائق ذهبت إلى الأبد! هذه هي الطريقة التي تسير بها الحياة، ولذا قال الهنود: «**لا يمكن أن نسبح في ماء النهر مرتين**».

---

(1) الكافي: ج 2 ص 78

كيفية تصرفنا في كل لحظة هو أمر متروك لنا، إبداء اهتمامنا الكامل يعني بذله في كل ما لدينا، الأمر متعلق بفعل الأمور 100% في كل ما نقوم به، سواء في لعب كرة القدم أو العمل على مشروع، أو التعامل مع الآخرين، أو أخذ قيلولة حتى.

الأمر متعلق بكل شيء عن القيام بكل ما أوتينا من قوة وعيشنا للحظة.

هل حدث وأن تأخرت عن موعدٍ ما وقلت: أن الإزدحام المروري هو سبب التأخير؟ أو قلت: أن أطفالك هم سبب إنفعالك الزائد؟ إن كنتَ كذلك فهذا يعني إنك لا تتحمل مسؤوليتك 100%..

هل أنت سمين؟ ربما عليك أن تأكل وجبات صحية أكثر.

ليس لديك علاقة جيدة مع أبنك؟

هل جربت أن تقرأ وتسمع محاضرات لكي تساعدك في هذا الأمر؟

علينا أن نقبل في جميع الظروف لدينا سهماً ونصيباً، وإذا لم نتقبل سهمنا من المسؤولية فلن يتغير أي شيء في حياتنا.

فكلما اخترنا أن نكون متحمِّلين لمسؤلية حياتنا أكثر، كلما صرنا نمارس سلطة أكبر عليها، ومن هنا فإن تحملنا لمسؤولية مشاكلنا خطوة أولى في اتجاه حلها.

كان لديَّ صديق يعشق السفر «لنفترض أن اسمه كان سلمان»، كان يسافر من هذا البلد إلى آخر، وكان في كل فترة يُغير وظيفته بسبب المشاكل التي كانت تحصل مع المدير.

فكنتُ أسأله: لماذا تركت هذه الوظيفة؟ كان يقول: هؤلاء لا يعاملوني بطريقة مناسبة.

والحال هو مَنْ كان يتأخر عن الوظيفة لمدات زمنية طويلة، ومن ثم كان

يذهب إلى مكان آخر للعمل ويتركه مجدداً، وكنتُ أسأله: لماذا تركت هذا المكان؟ وكان يقول: لم يعطوني مالاً كافياً و الحال هو لم يعين المال منذ البداية، ومن ثم يذهب إلى مكان آخر وأيضاً يتركه! وقال: ينتقدوني بشدة، والحال أنه لم يكن يقوم بالعمل بالطريقة التي تمَّ التوافق عليها، فكان يتهرب من المسؤولية بشتى الطرق ويلقي اللوم على الجميع ما عدى نفسه.

والآن سلمان يريد أن يرجع إلى الوظيفة الأولى فلم يفلح، وهو يحاول بشتى الطرق للرجوع وحتى لقد عرض عليهم العمل بالمجان لفترة محددة، فلم يقبلوه!

ونسيتُ أن أذكر لكم، لقد تزوَّج سلمان وطلق لكن اتعلمون لماذا؟ قال: لأنهم اجبروني على الزواج منها.!

هذا ما يفعله عدم تحمل المسؤولية يقودنا من فشل إلى فشل أصعب حتى يلقينا على هامش الحياة.

وأنا أيضاً كنتُ كثيراً ما أُحمل مسؤولية أخطائي على الآخرين، وأُبرِّر كل خطأ أفعله حتى قررتُ في يومٍ من الأيام أن أتحمل نتائج عملي بدل التهرب منها، ولوم الغير، وأن أتحمل مسؤولية كل أفعالي وعلاقاتي وأي خطأ يجري فيها أُحَمِّل نفسي مسؤولية العثور على الثغرات لتصحيحها وعدم حدوثها مجدداً أستطيع أن أتهرب منها وأُحمِّل غيري الخطأ لكني لم أكن لأحصل على أمور كثيرة لولا هذه الطريقة.

عندما تحمل نفسك مسؤولية ما وتقول لنفسك: إن هذه وظيفتك ستذهب يميناً وشمالاً لكي تُحسِّن تلك الوضعية، ولكن الشخص الذي يقول: هذه ليست مسؤوليتي، سيضع رجلاً على رجل، ويقول هذه وضعيتي وليس بإمكاني فعل شيء، وهذا من خطئ الآخرين ولن يذهب من أجل أي تغيير.

القضاة أيضاً لا يستطيعون اختيار القضايا التي تأتيهم، فعندما تصل

قضية إلى المحكمة فإن القاضي الذي يكلَّف بها هو ليس الشخص الذي ارتكب الجريمة، وليس شاهداً على الجريمة، وليس متأثراً بالجريمة لكنه يصبح مسؤولاً عن تلك الجريمة، وعن القرار، والحكم الذي سيصدره فنحن أيضاً قد تحدث الكثير من الأمور التي هي خارجة عن سيطرتنا، ولكن نحن مَنْ نُحدد كيف سوف نتعامل مع هذه القضية، وهنا يقع على عاتقنا تحمل مسؤولية أفعالنا، واختياراتنا.

فنحن لا نقول: أن الغير ليس لديه مسؤولية، ولكن ما نقوله هو: ماذا فعلتَ بحصتكَ من المسؤولية؟ هم يتحملون المسؤولية صحيح ولكن أنتَ ماذا فعلتَ من أجل ذلك الأمر؟.

وكما قال رسول اللّٰه ﷺ: كلكم راع وكلكم مسؤول عن رعيته[1] .

ما يؤلمني أن أرى الكثير من الناس لديهم القدرة على الإبداع والنجاح لكن بدل ذلك يلومون بؤسهم بسبب ظروفهم الحالية، ولا يريدون أن يتحملوا مسؤولية حياتهم، لأنهم يتلذذون بتعاطف الناس معهم، وإخبارهم لأولئك كم أنهم بائسين وغير قادرين على النجاح مع الوضع الحالي في حال أن لديهم الكثير من الأشياء التي لا يملكها غيرهم ولكن لا يريدون أن يروها!

الشخص الذي لا يتحمل المسؤولية إذا كان هناك إبريق على الأرض وضربه وسال الماء على الأرض سيقول: مَنْ الذي وضع الابريق هنا؟! وهل هذا هو مكان لوضع الابريق! وإذا هو مَنْ كان وضع ذلك الابريق على الأرض، وأسقطه شخص آخر سيقول: هل أنت أعمى؟!

بمقدار تحملكم للمسؤلية بنفس المقدار لديكم القوة في تغيير ظروف حياتكم.

---

(1) البحار: ج 72 ص 38

فهل نتحمل المسؤولية من اليوم ونضع حياتنا في المسار الذي نحن نريده؟.

جيم رون يقول: «اليوم الذي تودِّع الطفولة وتبدأ تصبح رجلاً بالغاً هو اليوم الذي تتحمل به كامل مسؤولية حياتك».

وهناك أيضاً عبارات أخرى كثيرة نسمعها للتهرب من التغيير وتُلقي اللوم والمسؤولية على الآخرين فهناك من يقول:

1 - في هذا البلد لا يمكن التغيير.
2 - لقد تربينا بهذا الشكل.
3 - جميع عشيرتنا يفعلون هذا الفعل.
4 - هي خربانة خربانة!

يمكن أن تكون الأمور هكذا لكن من بعد هذا اليوم سنأخذ بزمام حياتنا بيدنا ونحن مَنْ نقرر أن نستمر بتلك العادات الغير صحيحة أو لا!

فنحن أيضاً لدينا سهم في تعيين، وتحديد تصرفاتنا، وظروفنا، وبمقدرتنا تغيير الكثير منها.

السمكة الميتة أيضاً تستطيع السباحة في جهة النهر.

أحجر هو أم ذهب؟

أنت فاشل، أنت تتلف وقتك بتعلمك هذه العلوم، أصبحتَ أنانياً، أنتَ لا تهتم لأمري، تصرفاتك مخجلة، و..

يمطرون علينا وابلاً من الانتقادات، ونصبح في قبال هذه الانتقادات عدوانيين أو انهزاميين خوفاً من هذه الانتقادات المؤلمة لكن يا ترى هل هذه الانتقادات فعلاً تضرنا؟ أم طريقة تفكيرنا هي التي تضرنا؟

تعريف الانتقاد

عندما نتكلم عن الانتقاد فالمراد هو إصلاح فعل، أو تصرف فينا - سواء

أكان كلامهم صحيحاً أم غير صحيحاً - ويكون الفعل حسب الطريقة التي يتمنوها هم، كالأب الذي يطلب من ابنه أن يتصرف حسب الطريقة التي هو يرغب فيها، أو كالمعلم الذي يطلب من تلميذه أن يحلَّ الوظيفة بنفس الطريقة التي هو يرغب فيها، والانتقاد بأفضل صورة ممكنة، قد يكون انتقاداً صحيحاً، وواردأ ويتم قوله بطريقة وأسلوب مميز، والانتقاد بأسوء حالة، يكون انتقاداً غير واراد ويتم طرحه بأسلوب مزري ومخجل وفاقد لللباقة.

لماذا لا نحب الانتقادات؟

الانتقاد يكون دائماً مؤلماً، وإن تمَّ قوله بأفضل طريقة لكن ما دليل هذا الألم؟

لبُّ القضية هي أننا نحن كبشر نحب كل شيء يرتبط بنا، ومنها الاستنتاجات التي نصل إليها، والتي هي بواسطة تفكيرنا وتحليلنا، وأي شيء يكون خلاف هذا الاستنتاج هو بمعنى أننا نحن قد شككنا في قدرتنا في التفكير، واتخاذ القرار، وليس هناك شيء أحرج من جرح نفسك، فنحن البشر نعشق أنفسنا وكل ما يدور في داخلنا، وسنحمل السيف على أي شخص ينظر إلى معشوقنا بطريقة خلاف الطريقة التي نحن نراها بها.

فنحن نحب أن نصدق، أن كل ما قمنا به هو صحيح، وإن لم يكن في الحقيقة صحيحاً!

في يوم من الأيام كان صديقي عمَّار يناقش شخصاً آخر حول إحدى تفكراته وكان يأتي بأقوى الحجج لكي يُقنعه، فكان كلما يحاول أكثر كان ذلك الشخص يتمسك بموقفه أكثر فأكثر، لأن ذلك الشخص كان يرى النقاش لعبة فوز وخسارة، وما كان بالتأكيد يريد الخسارة بأي طريقة كانت أمام ذلك الشخص ذو الحجج القوية فلا يريد أن يغير موقفه تجاه ذلك الموضوع ويضرب ضربة مباشرة على حكمته وقابليته في الاستنتاج فلا أحد يحب جرح كبريائه.

لماذا ينتقدنا المقربون لنا بالذات!

إذا كان هنالك طعام بين أسناننا برأيكم أي من هؤلاء الأفراد سيسرع ويقول لك هذا الأمر؟ رتبوا حسب ما تعتقدوه:

- **الزوجة**
- **صديق**
- **الأم و الأب**
- **شخص غريب**

بترتيبكم لهذه القائمة تعرفون أن كلما كنتم أقرب كان احتمال تعرضكم للانتقاد أكثر..

فإذا ركَّزنا قليلاً سنصل إلى نتيجة، أنَّ المقربين ينتقدونا أكثر بكثير من غير المقربين.

لماذا؟ أليسوا يحبوننا؟ أليس من المفروض أن يهتموا بنا أكثر؟ فلماذا يا ترى يسمحون لأنفسهم بفعل مثل هذا الأمر؟

علة هذا الأمر، هو أن المقرب يفعل ذلك من باب النصيحة، والمحبة لكي تكون بأفضل حال سواء أكان ذلك الانتقاد بالواقع صحيحاً، أم غير صحيحاً، ولهذا انتقدني صديقي الذي ذكرتُ قصته في الفصل الأول فكان يريد أن يغير تصرفي حسب ما هو يراه صحيحاً وجيداً فذلك كان مجرد ابراز للمحبة حسب طريقته..

لماذا علينا تقبل الانتقادات؟

لا أحد يحب أن يكون محطاً لانتقاد الآخرين لكن الانتقاد وسيلة لمعرفة ثغراتنا ومن غير أن نضع وقتاً لها يتم اخبارنا بها عبر عدة جمل، فالانتقاد يساعدنا كثيراً في تطوير أنفسنا ورؤية تلك النقاط التي لا يمكننا نحن ومن زاويتنا رؤيتها، ولتبسيط الكلام، نقول: الانتقاد كالخضار التي هي موجودة في الفم، نحن لا نستطيع رؤية تلك الخضرة لكن الغير يرونها وهم يخبروننا بها بالمجَّان.

لماذا أنا متخلف؟

وتذكروا نحن لسنا معصومين ولا كاملين فالكمال للّه فقط.

لحظة ولكن تقبل الانتقادات أ لن يشجع الآخرين على انتقادنا بصورة أكثر؟

نعم قد يكون سبباً في زيادة الانتقادات عند البعض! ولكن هذا خياركم أنتم، أن تهربوا من الانتقادات ولا تستفيدون من هذه الفرص أو تتحملوا مرارة الانتقادات وتحتضنوا الآراء المختلفة، وفي قبال هذا الأمر تحصلون على المزايا والنتائج الكثيرة جداً، وتصبحوا بواسطة هذه الانتقادات أبطالاً خارقين في مجالكم، فلكل شيء ايجابيات وسلبيات لكن عليكم أنتم أن تقرروا أيهما تريدون.

ونرى كثيراً من الشركات الكبرى وصلت إلى ما وصلت إليه من تقبلها للانتقاد، وتطورها يوماً بعد يوم وحتى بعد أن أصبحت شركات كبرى يطمحون للمزيد ولا تقول أصبحنا من غير خطأ، ومن هذا حتى ينتقدني!

فالانتقاد يعطينا فرصة لكي نحسِّن أنفسنا يوماً بعد يوم، وتخيَّل أنك تسمع انتقاداً في كل يوم و تصلحه فبعد 30 يوماً قد تخلصت من 30 خصلة سيئة، وحصلت على 30 خصلة إيجابية، و بأفضل صورة يمكنك القول: تخلصت من 30 خصلة جيدة إلى 30 خصلة أفضل منها، وانظر إلى النتيجة في نهاية السنة أو بعد عشر سنوات..

ومن أين نستطيع أن نحصل على هذه الفرصة، ألا وهي رؤية العالم من منظار الآخرين؟.

وعن الإمام الصادق عليه السلام: «**أَحَبُّ إخواني إليَّ مَنْ أهدى إليَّ عيوبي**»[1].

(1) رواه الكلينى الكافى ج 2 ص 639.ونقله المجلسى في البحار ج 16 ص 79 من الاختصاص: ص241 -

ما هي الطريقة الصحيحة لرؤية الانتقادات الموجهة إلينا؟

نعم البعض يطرح الانتقاد بأسوء طريقة ممكنة، فيكون تجريحاً صريحاً..

والكثير من الانتقادات غير صحيحة وغير واردة..

وهناك أمور كالمظهر غير قابل للتغيير..

وهناك الكثير من الانتظارات والتوقعات الغير صحيحة..

وأن المنتقد ليس من شأنه ذلك الأمر..

وقد يتم تلقينا للانتقاد على أنه ضعف فينا..

وحتى هناك البعض ليس لديه نية حسنة في الانتقاد من البداية..

ولكن كل هذا لا يُغيِّر من ماهية الانتقاد وكونها ذهباً، فعلينا أن نكون أذكى بكثير من أن يؤذينا انتقاد شخص، ونفقد ذلك الإحساس الجميل حيال أنفسنا لأننا أعلم بحالنا من غيرنا.

فالانتقاد كالحجارة الذهبية، وإن رآها البعض حجراً عادياً، وهذا الذهب قد يُغلَّف بأجمل طريقة، وقد يقذف في وجهنا ولكن لا يتغير قيمة هذا الحجر فثمن الذهب ثابت وعالي.

فإذا كان المنتقد يحبنا فأكيداً انتقاده ليس إلا من باب المحبة، ولكن قد لا يعرف كيفية الانتقاد الصحيح فيأتي بتلك الهدية بصورة سيئة، وقد تكون للمنتقد نوايا سيئة فبذكائنا علينا تلقي ذلك الانتقاد واحتضان تلك الهدية، والاستفادة من محتوياتها، وبذلك نحوِّله إلى نقطة قوة فينا، وعلينا أن نكون محترفين في مهارة تلقي الانتقاد إلى درجة أن يرهب منا أعدائنا، ويعرفوا أن بانتقادهم سوف تُحلُّ تلك المشكلة بأسرع وقت ممكن فنحن في تطور مستمر.

كيف تصبح حارساً ممتازاً وتحصل على أفضل النتائج؟

نسمع عن الانتقاد البناء، أو الانتقاد الإيجابي، ولكن بدل الإتيان بهذه الشعارات كيف نطبقها، وكيف نجني ثمارها في الواقع العملي؟

إحدى أفضل الطرق، وأحدثها التي يتم تداولها هي عبارة عن:

أولا: الانصات بفعالية

لكي تتلقى ذلك الانتقاد وتجيب عليه، ومن ثم تحصل على أفضل النتائج، الطريق يبدأ بالانصات فالحارس الجيد يجب أن ينظر إلى أين تتجه تلك الكرة، ومن ثم يقفز لا أن يقفز إلى مكان تقريبي، فلكي تتحول إلى عملاق في الارتباطات، فأول خطوة هو الانصات بفعالية.

وكم سيكون احساسنا رائعاً تجاه شخص نعرف أنه يستمع إلينا بتركيز عالٍ ولا يشغله أي شيء عنا، لكن كيف سيكون احساسنا تجاه شخص نتكلم معه ونعرف أنه في عالم آخر ويفكر في أشياء ثانية تماماً، كزوجة تتكلم مع زوجها، والزوج مشغول بهاتفه، أو مدير يتكلم مع موظفه، والموظف يفكر كيف يدافع عن موقفه وفعله.

فالكثير منا ليس لديه انصات مؤثر فقط بل لا ينصت أبداً، ويحاول الهروب بأي طريقة بأن يقاطعه أو أن يزيد الأب من صوت التلفاز لكي لا يزعجه صوت طفله أو أي طريقة بحيث يُبين للشخص الآخر بأنه ليس هو اهتمامه الأول.

اما بعض الموارد الذي نقصده من الاستماع بفعالية هو:

أن يكون وجهنا، وجسمنا، ونظرنا موجهاً نحو الشخص المتكلم، والمَثَل الشَّامي يقول: «**العَين مغرفةُ الكلام**».

مِن حركات الوجهه نُفِهم الشخص أننا نستمع إلى كلامه.

نستمع إلى كلامه من غير البحث عن الإجابة.

لا نقطع كلام الشخص بأي شيء بل ندعه يتكلم وبصورة كاملة حتى يفرغ كالمنطاد الذي يفرغ من الهواء.

وجمالية الاستماع المؤثر، هو في أن المتكلم حين الانتقاد لا يتوقع أبداً أن يتم تلقيه بهذه الطريقة، وخصوصاً بهذه الطريقة الرائعة، وبالطبع الاستماع المؤثر ليس كما يبدوا في الوهلة الأولى فعل سهل خصوصاً إذا كنت تعرف أنك على حق والمنتقد غلطان.

فالانصات يعتبر فيه شيء من التحدي، ونحن نجد في أنفسنا حاجة ملحة تدفعنا للرغبة للإجابة على ذلك المنتقد، ونقول أننا فهمنا قصده، وليس هنالك حاجة للإكمال، ولكي نبين أننا على حق وكلامه غير وارد فينا، فنحن قد برمجنا برمجة سابقة هي لعبة الفوز والخسارة فإن لم نتكلم نعتبر أنفسنا قد خسرنا المسابقة.

لكن بعد تغير طريقة رؤيتنا للانتقاد وتطبيقنا هذه المراحل التي نحن نذكرها أصبحت اللعبة «فوز-فوز» بلا خسارة.

وأحياناً بمجرد الاستماع فقط، تنحلُّ المشكلة لأن كل ما في الأمر أن الشخص كان يريد أن يَستَمع إليه ذلك الشخص الموجه إليه الكلام وإعلامه بإحساسه وقد تحقق له ذلك.

مبادرة

رجاء ركزوا في الكلام الذي يدور بين الناس في طوال اليوم وانظروا كم يكون سهلاً وبراحة يتم قطع حديث المتكلم.

وركزوا متى أنتم أيضاً تفعلون مثل هذا الأمر عن قصد أو دون قصد منكم.

اكتب عدة نماذج لفعلك لمثل هذا الأمر:

....

....

....

ثانياً: تشكره من أجل الاهتمام والانتباه

أنا أشكر المنتقد؟!

نعم نشكر المنتقد من أجل تلك الملاحظة، وذلك الوقت الذي وضعه من أجلنا، وليس مهما لنا أن ذلك الانتقاد كان وارداً، أو لم يكن وارد، أو كان بطريقة صحيحة، أو غير صحيحة فنحن نريد بذكائنا أن نترك انطباعاً جميلاً لديه، ولقد قلنا سابقاً: أن أغلب الانتقادات تأتي من المقربين وذلك حباً منهم لنا وخشية علينا.

بعض نماذج الشكر عبارة عن:

شكراً من أجل تلك الملاحظة المهمة.

شكراً لأنك وضعت لي هذا الوقت وكشفت لي هذا الموضوع.

شكراً لأني مهم بالنسبة لك وأتيت وقلت لي.

شكراً لأنك لم تُخفِ عني هذه الملاحظة.

شكراً لولاك لم أكن أعرف هذه الملاحظة.

شكراً من أجل ارشادك لي. الخ..

ولكل موقف له طريقة خاصة تشكر فيها المنتقد.

فمَن هو المنتقد؟

ومتى يطرح الانتقاد؟

وكيفية طرحه للانتقاد؟

كل ذلك تؤثر في الطريقة المناسبة لشكره.

وعليك الحذر من أن يكون طريقة شكرك بصورة يتلقى فيها المخاطب أن هذا الشكر هو استهزاء!

مبادرة

تذكر الاشخاص الذين ينتقدوك عادةً، واكتب عدة جُمل مناسبة للتشكر منهم:

....

....

....

ثالثاً: اظهار التعاطف

تقدم الحديث عن مرحلتين وهما كانا عبارة عن الاستماع بفعالية، والشكر على الانتباه والاهتمام، وقد وصلنا إلى الخطوة الثالثة، وهي اظهار التعاطف.

ونعني بها، أن نُفهِم المنتقد أنه هو أيضاً مهم بالنسبة لنا، وذلك بأننا نفهم وندرك إحساسه الغيرَ جيد تجاه ذلك الموضوع، وأن إحساسه بالسوء يحزننا ولا يسرنا.

فنحن لا نقبل انتقاده ونؤيده، ولكن كل ما في الأمر هو أن نُظهر التعاطف معه.

وبعض الأمثلة عبارة عن:

هذا أمر مؤسف لأن الظروف لم تكن بالشكل المطلوب.

أنا حزين لأنك حزين.

أنت مهم بالنسبة لي وأن لديك هذا الاحساس يحزنني بشدة. الخ..

ملاحظة 1: لا نعتذر منه لكن نواسي إحساسه ونتفهمه، مثلاً عندما يحدث حادث إرهابي في إحدى الدول، فنحن لا نعتذر لكننا نظهر التعاطف مع ذلك الحدث.

وكلما كنتُ متعاطفاً حقيقياً أكثر كلما كان لذلك الكلام مفعول أقوى وتستطيع أن تعرف هل أنت متعاطف حقيقي أو لا؟ بسؤال نفسك: هل أرى الصورة كما يرونها أم أنني خلقت صورتي الخاصة؟

ملاحظة 2: قد يتم تغيير مكان الخطوة الثانية، مع الثالثة، وذلك في المواقف التي يكون المنتقد متفاعلاً أكثر تجاه ذلك الحدث فاظهار التعاطف في البداية، ومن ثم شكره يكون له نتائج وتأثيرات أفضل «ولكل مقام مقال».

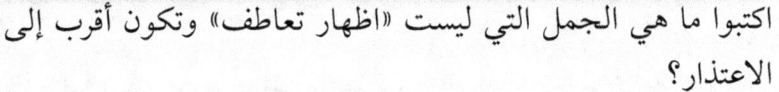

مبادرة

اكتبوا ما هي الجمل التي ليست «اظهار تعاطف» وتكون أقرب إلى الاعتذار؟

_____

_____

مثل أن يقال: «آسف لفعلي لمثل هذا الأمر» والذي يجب أن يكون بعبارة مثل: «حزين جداً لأن تصرفي سبب لك احساساً غير جيد» لأن الجمل الأولى تكون بمعنى أنك تتقبل ذلك الخطأ، و الحال أنك لا تعرف هل ارتكبتَ خطأ ما، أو أن كل ما في الأمر أن ذلك التصرف لم يكن حسب مزاج وذوق المنتقد؟.

المرحلة الرابعة: السؤال «معرفة الدليل والشفافية»

بعد أن انتهينا من مرحلة الاستماع بفعالية، ومن ثم مرحلة الشكر من أجل الانتباه، ومرحلة اظهار التعاطف، يحين وقت السؤال مَنْ المنتقد ومعرفة علة هذا الانتقاد وما كان يؤرق المخاطب.

الفصل الرابع: كيفية عمل جهاز التحكم

فالسؤال من المخاطب يبين له أنك تقدر مشاعره ويمنع من سوء الفهم أيضاً.

لكن كيف يجب أن يكون السؤال؟

السؤال يجب أن يكون بصورة بحيث نحصل منها على نتائج دقيقة، فالسؤال لا يكون بصورة كلية بل يجب أن يكون بصورة جزئية حتى تخرج من مجرد كلام نظري إلى شكل عملي قادر على التغيير بواسطته، فإذا قال المنتقد: أنت عديم المسؤولية جداً، أنت اسأله: أي تصرف مني بالضبط كان عديم المسؤولية؟ فهكذا نخرجه من صورته الكلية والعمومية.

بعض الأسئلة المتداولة والتي بمقدرتنا الاستفادة منها:

أي من التصرفات قد آذتك بالضبط؟

سأكون ممتناً إن أخبرتني لماذا لديك هذا الاحساس؟

سأكون ممتناً إن وضَّحتَ لي بشكل أكثر أين المشكلة؟

الخ..

والسؤال يجب أن يكون عن نفس المحتوى الذي سبب ذلك الانتقاد لا أمراً آخر.

وبعد السؤال نعطي للمنتقد الحرية والاختيار الكامل للاجابة عن السؤال، ومن ثم وبسؤال جديد نتأكد ونتحقق مع بعض ما إذا كان فهمنا لكلامه صحيحاً أو لا، كي لا نقع في فخ اصدار الأحكام، مثلاً نقول: لقد فهمتُ هذا من كلامك هل فهمي صحيح؟

أو تسأله أن يُبين وجهة نظره بطريقة أخرى، وكل هذا لكي نكون شفافين مع بعض ونتأكد أننا فهمنا ما يقصده بالضبط وبالدِّقة.

ومن ثم إذا كان هناك سؤال آخر يساعدنا في تكملة طريق الفهم والشفافية نسأله من جديد.

وبعد الانتهاء من هذه المرحلة في كثير من الأحيان يحل كل شيء ويختفي ذلك سوء الفهم.

فالسؤال على أقل تقدير يقلل من تلك المشاعر السلبية لدى المنتقد، ويجعله شفافاً معك ومع نفسه، وستعرف وسيعرف بالضبط ماذا كان يريد منك.

مبادرة

من خلال الانتقادات التي حدثت لك في الآونة الأخيرة اكتب ما هي الأسئلة المناسبة التي كان يجب أن تطرحها؟

....

....

....

المرحلة الخامسة: التعويض أو التوضيح

فبعدما عرفنا كل كلامه وما يقصده يأتي دور هذه المرحلة فالقضية لا تخرج من حالتين إما هذا الاشكال وارد فيجب علينا التعويض، أو غير وارد فيجب التوضيح.

لكن كيف يكون التعويض؟

والتعويض ليس معناه أن تقول: أنا آسف فقط، بل يحتاج إلى أمر آخر مناسب مع الموقف و الشخص.

كالذي يكون قد انتقد شخصاً آخر بسبب عدم رعايته لوقت المواعيد وذكر له الموارد التي فعل هذا الأمر وبعد مروره بهذه الخطوات، ووصوله إلى مرحلة التعويض، فالتعويض قد يكون قولنا له: إننا آسفين لفعلنا لهذا

الأمر الذي سبب لك هذا الإحساس، وللتعويض أعدك أنني سأكون أدق في الموعد وسأكون ممتناً أن تساعدني وتذكرني كلما رأيت أنني قد نسيت هذا الأمر.

قد يكون التعويض بهذا الشكل وقد يكون لا، بحيث يحتاج الأمر إلى أكثر أو أقل من هذا.

أما إذا كان الانتقاد والاشكال غير وارد، وأحسستم أنه ليس هنالك داع للتعويض، لأن الشخص الذي قال هذا الكلام كان من باب الرأفة والمحبة، فمقدار من التوضيح سيكون مناسباً وكافياً وبعده تقولون: هذا رأي شخصي وقد لا يكون أيضاً صحيحاً كي لا تفرض وجهة نظرك عليه.

أما إذا كنتم تعتقدون أن بذكركم القليل من التوضيح في هذا الموقف سيسبب جدلاً ونقاشاً طويلاً بينكم فأفضل حل هنا هو أن لا توضحوا ولكن قولوا بعد أن تشكرتم اهتمامه: من المؤكد أنني احتاج إلى مدة أطول للتفكير حيال هذا الموضوع.

الاحساس أهم من الواقع

وهنالك ملاحظة مهمة في الانتقادات، ألا وهي إحساس المنتقد، في الحقيقة إحساس المخاطب قد يكون أهم من كون ذلك الانتقاد صحيح أو لا، فأن نجيب على المنتقد والمنتقد يتقبل ما تمَّ طرحه وتوضيحه ولكن إحساسه ليس كما يجب، وليس ما نطمح إليه، فالاحساس كالواقع في مرتبة واحدة في الأهمية فبدل العمل على اثبات الواقع للمنتقد فقط، من المهم جداً أن نركز على أنه ماذا يجب أن نفعل لكي نحسِّن من إحساس المنتقد، فالذي نعمله هو:

1 - الاستفادة من ذلك الانتقاد

2 - تحسين إحساس المنتقد.

لماذا أنا متخلف؟

إذاً المراحل هي عبارة عن:

1 -الانصات بفعالية

2 - نشكره من أجل الاهتمام والانتباه

3 - اظهار التعاطف

4 - السؤال «العثور على الدليل»

5 - التعويض أو التوضيح

مبادرة

رجاءاً تذكر إحدى الانتقادات الأخيرة التي آذتك بشدة وبناء على ذلك الانتقاد إملأ هذه المساحات:

نشكره من أجل الاهتمام والانتباه:

....

....

اظهار التعاطف:

....

....

السؤال:

....

....

التعويض أو التوضيح:

....

....

ولكي تستفيد من هذه المبادرة بأقصى حد أطلب منك الآن أن تسجل صوتك بناء على الاجابات التي قدمتها وتنظر إلى كيفية اجرائك هذا!

وتيقن عزيزي أن هذا التسجيل الصوتي سيساعدك كثيرا في بناء المسار العصبي الصحيح»

ومن اللطيف أن تعلموا - أحبتي - أنه لكي يتم بناء المسار العصبي لهذه الطريقة يحتاج تطبيق هذه المعلومات إلى مدة لا تقل عن 21 يوم، ولن يتغير أي شيء في ليلة وضحاها.

لكن إذا أجبنا على الانتقادات بهذا الشكل فالكلام لن يكون بشكل طبيعي!

نعم قد يتبادر لنا هذا الأمر، وهذا فقط في بداية الطريق، وذلك لأننا نسعى لتغيير تصرفاً ما فينا فالتصرف قد يكون في نظرنا أنه غير طبيعي وحتى أنه ربما يكون مضحكاً.

وفي الواقع جزء من مرحلة التأقلم هو هذا الأمر، وبمعنى آخر علينا أن نتقبَّل هذه الحالة ومع الاصرار والاستمرار في التمرن سنعبر من هذه المرحلة بشكل أسرع.

لا تكن رجلاً آلياً «روبوتاً»!

دعونا لا ننسى أن ما يتم ذكره حول القاعدة في كيفية الاجابة عن الانتقاد هو أمر كلي وقد يتغير بتغير الظروف، والأشخاص.

فهنالك اختلاف أساسي بين العلوم الإنسانية وعلوم الرياضيات، وهو أنه في العلوم الإنسانية هناك الكثير من التنوع والاستثنائات، و 2+2 لن يكون دائما أربعة كالرياضيات.

قد يعمل في بعض الأماكن وبصورة رائعة وقد لا يكون هكذا في مكان آخر بل يكون له تأثيرٌ تخريبي وكارثي.

ولكن هذا في أغلب الأماكن قد يساعدنا ولكن لن يكون دائماً وبشكل قطعي، واحذر من مثل هذه الرؤية، وهي التي تقول إما أن تعمل 100% أو أن هذه الطريقة ليس بها أي فائدة 0%.

في العلوم الإنسانية عليك أن تكون مرن معها فهي ليست وحياً وقرآن منزلاً.

إما مئة وإما صفر

إما أبيض، وإما أسود وليس هناك للرمادي وجود.

هؤلاء يعتقدون إما أن يكون العمل رائعاً أو لا يكون العمل موجوداً، قد نرى مثل هذا التصرف في الكثير من المجتمع إما أن تكون جميع تلك الجماعة محبوبة أو يكون جميعهم شريرين، إما أن تعمل هذه القاعدة في جميع الأماكن وتكون مفيدة أو لا تكون مفيدة على الإطلاق، ولا يتم العمل بها، ونبدأ بالبحث عن الاستثنائات وننسى 80% من الأماكن أن هذه القاعدة وهذا الأسلوب يعمل، وهو يساعدنا لكي نحظى بنتائج ايجابية رائعة، ونحظى بحياة جميلة ومميزة.

لكن هؤلاء لا يعجبهم مثل هذا الكلام وكل ما يروه في مسطرتهم هو مائة وصفر.

ونشأت من هكذا رؤية عبارات مثل: إما أن تكون معنا، وإما أن تكون علينا.

علينا الحذر من هكذا رؤية، لأن منبع هذه الرؤية هو من نظارة الكمالية، فما هي؟.

الكمالية

الكمالية هي النظر إلى كل الأعمال بطريقة وسواسية وهي إما أن يكون

مستوى أعمال الشخص 100 أو لا يكون أي شيء موجود «أي صفر» وليس هنالك شيء ما بين المئة والصفر.

فالكمالية تكبح الإنسان من أي عمل، ومن أي انجاز بحجة أن عملك ناقص ويحتاج إلى وقت أكثر لكي تفهمه ومن ثم تقوم به.

مثلاً الشخص عندما يريد أن يبدأ مشروع ما يجب أن يكون له أموال كثيرة، ويجب أن تكون أوضاع البلد رائعة، ويجب أن يمدحك ويشجعك الجميع، ويجب أن تكون مشهوراً الخ ..

الكمالية تسمِّم اقداماتنا ولسان حالها يقول: أنت لستَ كاملاً كن كاملاً في كل شيء، ومن ثم اكتب كتاباً عظيماً، وفي غير هذه الصورة لا تكتب أي شيء!

أو مثلاً تأخذ تركيزك من أصل المادة وهدفها إلى حواشيها كالتركيز على الأغلاط الإملائية.

أو قد تأخذ تركيزك ووقتك على شيء لا يستحق ذلك العناء، وبعبارة أخرى إن فائدة ذلك الشيء لا يستحق هذه الكمية من العناء.

مثال: بدل أن يضع صانع المحتوى في التواصل الاجتماعي ساعات إضافية لكي يحسن من محتواه، يُضع عدة ساعات لتصميم صورة من أجل محتواه، وهذا نموذج آخر من الكمالية، فأنت بوضعك هذه الساعات للتصميم تستطيع وضع هذه الساعات لاستخراج محتويات ثمينة أخرى وهذا ما سيحسن من أدائك بشكل أكبر.

ليس مهماً لماذا نحن كماليون، لكن المهم كيفية التعامل مع هذا الأمر الذي موجود في كثير من لحظات حياتنا.

إسأل نفسك: هل أنا أتوقع من نفسي أن أكون كاملاً؟

ليس هناك أحد كاملاً، فالكمال للّه وحده، وأنت إنسان وقد تخطأ فلستَ معصوماً، نعمل ونصلح، ومن ثم نعمل من جديد ونصلح مرة أخرى و هكذا..

سأركز على نجاحي بدل التركيز على فشلي، لأني أعرف أنني بهذه الطريقة سأستطيع أن أطور نفسي وأنجح في حياتي.

مبادرة

أكتب أحد الموارد التي تتصرف بها بكمالية والتي عليك اصلاحها:

....

....

....

رؤى غير صحيحة عن الانتقادات

كونك إنساناً قابلاً للانتقاد ليس معناه أنك تحب الانتقاد.

فلا أحد يحب الأدوية لذاتها لكن نحب ما تفعله بنا من الشفاء، فليس هناك أي إنسان يحب الانتقاد لكن ما نحبه هو نتيجة الانتقاد وما يفعله من أمور جميلة في حياتنا.

والانتقاد ليس معناه أن الشخص يستطيع أن يقول لنا أي شيء، فكوننا نقبل الانتقاد ليس معناه أن يتم إهانتنا وتمسخرنا ونحن نبتسم لهم ونكون ممتنين لهم شاكرين.

بالعكس تماماً كونك إنساناً قابلاً للانتقاد فهذا له ارتباط مباشر مع التصرف بقاطعية، وذلك أن نعرف متى وكيف نرد على الانتقاد وبصورة محترمة وقاطعة.

والمراد من القاطعية، هو أن تأخذ حقك في أجواء ايجابية خالية من أي غضب وتردد، وأن يصل الشخص ومن غير أي اهانة وزعل إلى هدفه.

رأيت الكثير من الأشخاص لأنهم لا يملكون القاطعية في تصرفاتهم وأقوالهم يبدؤون بسرد القصص والكثير من المعلومات المتفرقة وكأن هدف المتكلم هو «تدويخ» المخاطب وفي نهاية كلامه لا تعلم ما الذي حصل وما هي النتيجة النهائية، وذلك لأنهم لا يملكون القاطعية والأسلوب الصحيح، فهدفهم هو إسعاد الناس دائماً ولو على حسابهم الشخصي وهذا راجع إلى نقص في تقدير الذات كما يقول علماء النفس.

وترى أن الشخص الذي لا يكون قاطعاً كثيراً ما يتحمل أموراً لا يرغب في القيام بها على الاطلاق، مثل أن يطلب صديقه منه امراً ما وهو لديه الكثير من الأعمال وليس قادراً على القيام به، ولكن لأنه غير قاطع في تصرفه، ويخجل من أن يطلب صديقه طلباً، ولا يقوم به فيبدأ بالقيام بذلك الطلب وهو في داخله لا يشعر باحساس جيد حيال هذا الموضوع ومن ثم يقصر تجاه واجباته الأخرى لكي يفعل هذا الطلب لصديقه.

ولكن لقد نسى هذا الشخص حقوقه الشخصية، فكما أن لصديقنا الحق في الطلب لنا الحق أن لا نقبل ذلك العرض و نرفضه بصورة أخلاقية ومحترمة.

فالقاطعية هي مهارة تبين مشاعرك ورغباتك مع مراعات حقوقك وحقوق الآخرين.

استراتيجيات لكيلا يتم تبديل الحديث إلى مشاجرة

إحدى الأخطاء الشائعة في بحث الانتقاد هو الإصرار على اقناع المنتقد، ففي بعض الأحيان المنتقد لا يقتنع أو لا يريد أن يقتنع، ونحن أيضاً في المقابل نصرُّ على تكملة البحث وإقناعه، و في النهاية نصل إلى مشاجرة وخصام.

ماذا علينا أن نفعل لكي ننهي المجادلة بأسرع طريقة ممكنة لكي لا تصل إلى تلك المرحلة؟

لماذا أنا متخلف؟

1 -الاجابة بصورة قصيرة ومختصرة

بعد أن سمعنا كلام المنتقد جيداً وقيّمناه، وثم عرفنا أن كلامه غير وارد لكن أحسسنا أنه يجب الإجابة عليه، فالأفضل أن يكون الجواب قصيراً قدر المستطاع وينتهي به الحديث.

كـ شكراً لأنك بينت لي وجهة نظرك ..

سأفكر أكثر فيما قلت لي قطعاً..

2 - الاجابة بطريقة كوميدية

هذه إحدى الطرائق التي تفيدنا في كثير من المواقف، بحيث نجيب على الشخص بطريقة كوميدية

لكن علينا أن نكون دقيقين في اختيار المكان الذي نستخدمه فيها، فمثلاً استخدامه مع الجد أو الأبوين قد لا يكون لائقاً، فالموضوع والمكان الذي يتم طرحه مهم جداً في جواز الاستفادة من هذه الطريقة أو لا.

مثلاً إحدى الموارد التي يمكن الاستفادة منها هي عندما يسألنا الآخرون ويقولون لنا ولزوجتنا لماذا لا تنجبون؟! «وهي متداولة جداً في بلادنا فالتدخل في حياة الناس أصبح نمط الحياة»

فنستطيع بكل بساطة أن ننظر إلى زوجتنا ونقول بطريقة مضحكة: عزيزتي لقد نسينا أن ننجب طفلاً!

3 - حسناً ماذا عليَّ أن أفعل الآن؟

الطريقة الأخرى التي تساعدنا في عدم الدخول في المشاجرة، هي أن نسأل المنتقد لنا، حسناً ماذا عليَّ أن أفعل الآن؟

فقد يأتي شخص ما وبصورة سيئة يقول لنا: لديك رأساً أو اذناً كبيرتين ويستمر هكذا في الحديث، فتأتي وتقول له: حسناً ماذا عليَّ أن أفعل الآن؟

من الممكن مثل هذا الشخص أن يرد عليك بصورة سيئة أيضاً قائلاً:

اغرب عن وجهي لكيلا أراه

اذهب واعمل عملية جراحية

الخ..

وأنتم تقولون: إن شاء اللَّه! تنهون الحديث.

لماذا نجيب هكذا؟ لأن مزاجك ووقتك أغلى وأثمن بكثير من أن تضيعه مع مثل هكذا نماذج بالمجادلة والمشاجرة.

4 - تغيير الموضوع

من الطرق الأخرى التي نستطيع أن نستخدمها في بعض الأحيان هي تغيير موضوع الكلام.

كـالشخص الذي يقول لك: أن لحيتك أطول من صديقنا ميثم، فهنا أفضل فرصة لكي تغيِّر الموضوع وذلك بسؤال مثل: لقد كان ميثم في المستشفى في الأسبوع الماضي! هل ذهبت وزرته؟

أ ترون! بمجرد سؤالكم هذا السؤال باحتمال 90% سيتغير الكلام يذهب باتجاه آخر ولن يكون هناك حاجة إلى المشاجرة.

هل يمكن أن يكون الجميع عني راضيا؟

في وصية لقمان الحكيم لولده: «لا تعلق قلبك برضا الناس ومدحهم وذمهم، فإن ذلك لا يحصل ولو بالغ الإنسان في تحصيله بغاية قدرته، فقال ولده ما معناه: أحب أن أرى لذلك مثالاً أو فعالاً أو مقالاً.

فقال له: أخرج أنا وأنت، فخرجا ومعهما حيوان فركبه لقمان وترك ولده يمشي وراءه فاجتازوا الناس فقالوا: هذا شيخ قاسي القلب قليل الرحمة، يركب هو الدابة وهو أقوى من هذا الصبي ويترك الصبي يمشي وراءه، بئس التدبير منه.

فقال لولده: سمعتَ قولهم وإنكارهم لركوبي ومشيك؟ فقال: نعم، فقال: اركب أنتَ يا ولدي حتى أمشي أنا.

فركب ولده ومشى لقمان فاجتازوا جماعة أخرى من الناس فقالوا: هذا بئس الوالد، وهذا بئس الولد. أما أبوه فإنه ما أدَّب هذا الصبي حتى يركب الدابة ويترك والده يمشي وراءه، والوالد أحق بالاحترام والركوب، وأما الولد فلأنه عق والده بهذه الحال فكلاهما أساءا في الفعل.

فقال لقمان لولده: سمعتَ؟ فقال: نعم، فقال: نركب معاً الدابة.

فركبا معاً فاجتازوا على جماعة فقالوا: ما في قلب هذين الراكبين رحمة، ولا عندهم من اللَّه خبر، يركبان معاً الدابة يقطعان ظهرها، ويحملانها مالا تطيق، لو كان قد ركب واحد ومشى واحد كان أصلح وأجود.

فقال: سمعتَ؟ فقال: نعم، فقال: هات حتى نترك الدابة تمشي خالية من ركوبنا.

فساقا الحيوان معهما وهما يمشيان فاجتازوا على جماعة فقالوا: هذا عجيب من هذين الشخصين يتركان الحيوان فارغاً يمشي بغير راكب ويمشيان، وذموهما على ذلك كما ذموهما على كل ما كان.

فقال لولده: ترى في تحصيل رضاهم حيلة لمحتال، فلا تلتفت إليهم واشتغل برضا اللَّه جل جلاله، ففيه شغل شاغل، وسعادة وإقبال في الدنيا ويوم الحساب والسؤال.

هذه قصتنا مع الناس فارضائهم كاجتماع النقيضين غير ممكن، فهنا يأتي دورك ومهارتك في عدم الخوف من انتقاد الناس وكيفية التعامل مع الانتقاد وأن تستخدم هذا الانتقاد في مصلحتك وأن يكون لك سلماً في طريق نجاحك.

الفصل الرابع: كيفية عمل جهاز التحكم

إذا لاحظنا قليلاً الناجحين، نرى أن كلما كان الشخص ناجحاً أكثر كلما كان له منتقدون أكثر.

كالمنتخبات العالمية والممثلين و..

وما أحد من ألسن الناس سالماً *** ولو أنه ذات النبي المطهر

فإن كان مقداما يقولون أهوج *** وإن كان مفضالا يقولون مبذر[1]

وإن كان سكيتاً يقولون أبكم *** وإن كان منطقياً يقولون مهذر

وإن كان صواماً وبالليل قائماً *** يقولون زوار يرائي و يمكر

فلا تكترث بالناس في المدح والثنا *** ولا تخش إلا اللّٰه واللّٰه أكبر

اجابة الانتقاد بالانتقاد

إحدى الطرق السيئة جداً، هي أن تجيب الانتقاد بانتقاد آخر ولا أعتقد أن يكون هناك أسوء من هذا الرد.

وقد تكون العبارات مثل:

إذا أنا فعلت هكذا، أنت أيضاً قلت لي ذلك الكلام في ذلك الموقف.

هل ترى هذا التصرف مني غلط؟ على الأقل لستُ مثلك من دون عمل وألعب مع الموبايل 24 ساعة.

وسوء هذا الرد لا يخفى على أحد، وذلك قد يصدر لأن الشخص غاضب أو هو يريد أن يصلح تصرفاً آخر في الشخص المنتقد له.

إذا كنا فعلاً نريد أن نصلح تصرفاً سيكون حسناً تأجيله إلى وقت آخر وبأسلوب مختلف، لكي يكون تأثير الكلام أكثر واحتمالية الحصول على تلك النتائج التي نبحث عنها يكون أعلى.

(1) الأهوج: الطائش، مفضال: كثير الفضل كريم

لا ينتقدنا أحد؟

هنالك عدة حالات إذا لم ينتقدنا أحد:

1 - إنا للّٰه وإنا إليه راجعون قد نكون بالفعل متنا ولكن لا نعلم هذا!

2 - نلعب ضمن أدوار مختلفة عند ملاقات الأشخاص وعند رؤية أي شخص نظهر بطريقة مختلفة.

أنهي هذه الفقرة بمقولة جميلة لغاندي:

«في البداية يتجاهلونك

ثم يسخرون منك

ثم يحاربونك

ثم تنتصر».

السيطرة على الغضب

لكن كيف نستطيع السيطرة على غضبنا وخصوصاً حينما ينتقدنا شخص ما، فكما قلنا نحن لا نحب أن يتم انتقادنا وإذا لم نستطع السيطرة على غضبنا فهذا معناه،

أننا أصبحنا دميةً في يد المنتقد.

وبحث السيطرة على الغضب بحث طويل نذكر هنا لكم بعض النقاط باختصار:

متى نغضب؟

الغضب هو إحساس وهذا الإحساس يتولد عندنا حينما يكون لدينا رغبة في شيء ونريد أن نصل إلى ذلك الشيء لكن ولسبب ما لم نصل إليه، هنا تبدأ حالة الغضب عندنا، وأهمية السيطرة على الغضب - خصوصاً في مجتماعتنا - غير قابل للنكران، وهذا الأمر في حديث الانتقاد يكون حينما نتوقع أن تكون جميع الأفعال التي نفعلها صحيحة، أو لم نصل، إلى هدفنا، أو حقنا، أو لم

نصل إلى رغباتنا، أو لم نستطع أن نُلبِّي احتياجاً فيناً يتولد الغضب فينا.

والإمام أمير المؤمنين عليه السلام يقول: «**الغَضَبُ شَرٌّ إنْ أَطَعتَهُ دَمَّر**»[1].

ماذا يحدث بالضبط إذا غضبنا يا ترى؟

1 -تضعف العلاقات أو نخسرها تماماً.

2 - التعرض لأنواع من الأمراض.

3 - نفقد السيطرة على أنفسنا.

4 - نفسد يومنا «وماذا هنالك أسوء من تدمير مزاجنا لذلك اليوم»

صدق الإمام أمير المؤمنين عليه السلام: **إحذر الغضب فإنه جند عظيم من جنود إبليس**[2]

ما هي علامات الغضب؟

- ازدياد سرعة ضربات القلب وإرتفاع الضغط الشرياني
- ازدياد سرعة التنفس
- ازدياد في حرارة الجسم = التعرق
- الفم يصبح جافاً
- العضلات تنقبض وتتوتر بشدة
- حركات سريعة ومفاجئة
- ارتفاع في الصوت
- انخفاض في القدرة على استخدام الحافظة
- نسيان الآلام والأوجاع

(1) غرر الحكم: ح 6891

(2) بحار الانوار: ج 33 ص 509

لماذا أنا متخلف؟

ما هي الطرائق المختلفة لإظهار الغضب؟

- المواجهة الجسدية
- السَّبُ والشتم.
- الاهانة والضحك على الآخرين
- الحقد والعداوة
- الغيبة والنميمة
- عدم الاهتمام بالشخص «التغليس كما يقال بالعامية»
- وطرائق كثيرة أخرى قد تظهر من الغاضب..

وكما تعرفنا على المسار العصبي، الآن نعرف بأننا كلما غضبنا أكثر كلما أصبح هذا المسار أقوى.

كيف نستطيع أن نقلل من وقوعنا في مستنقع الغضب؟

1- التقليل من مشاهدة الأخبار والحوادث السلبية

هل حدث وسمعتم خبراً ايجابياً من الأخبار؟ أم مجرد إنفجار، وقتل وتدمير، وسرقة وسطو مسلح الخ.. من هذه الأمور السلبية، صدقوني بعدم مشاهدتكم للتلفاز لن يحصل أي أمر سيء لكم بل ستحصلون على الكثير من النتائج الايجابية القريبة وبعيدة المدى، فعدم مشاهدتنا لهذه الأخبار السلبية سنحصل على طاقة أكبر فمَنْ يا ترى سمع خبراً عن موت هذا وذاك وأصبحت حياته أفضل؟

إذا كنتم تريدون أفضل نتيجة من الجسم عليكم أن تراقبوا وتدخلوا أفضل الأغذية إليه، وتجتنبوا الأغذية التي قيمتها الغذائية متدنية، وإذا كنتم تريدون أن يعمل دماغكم بأفضل كفاءة فعليكم مراقبة ما تعطون إليه بمقدار أكبر بكثير، فالمراقبة والسيطرة على ما يتغذّاه العقل ليس بالشيء اليسير لكن في النهاية نحن مَنْ نقرر ماذا سيدخل في هذا الجسم فالطعام لن يقفز إلى فمنا، وعلينا أن نراقب جيداً كي لا يجذب دماغنا معلومات فاسدة ومخربة، وهذه حرب مستمرة بيننا وبين المعلومات الفاسدة، راقب المصادر التي تغذي دماغك وانتخب بدقة.

وكما عرفنا سابقاً في كيفية تفكير الدماغ، أن الدماغ لم يصمم لكي يجعلنا سعداء لكن صُمم من أجل الحفاظ على حياتنا وقد برمج الدماغ للبحث عن الأمور السلبية مثل الأجواء السيئة والحروب وصراعات بين الأشخاص وسرقات وأي شيء ممكن أن يؤذيكم.

هل حدث وأن عبَرتم من طريق سريع وبسبب الازدحام انتظرتم كثيراً، وكنت مستغربين من هذا الازدحام؟ وعندما وصلتم لم تروا هناك أي شيء مانع لحركة السيارات، كل ما في الأمر أن هناك حادث قد حصل قبل مدة وقد تمَّ نقله إلى الطريق السريع، فهؤلاء هم الناس الذين بإخراج رؤوسهم من خارج السيارة ورؤيتهم ماذا حدث هنا؟ هذا هو الذي سبب بطئ حركة سير السيارات!

تثور غضباً الآن بسبب هذا الفعل، لكن ماذا يحدث حينما تمرون أنتم من جانب الحادث أيضاً؟ أنتم أيضاً تقللون من سرعتكم، وتأخذون بنظركم من الطريق الذي أمامكم ومن ثم تميلون برأسكم إلى الطريق لكي تنظروا إلى ذلك الحادث!

لماذا إنسان خلوق ومحترم يريد أن ينظر لمثل هذا المنظر المحزن؟ كل ما في الأمر هي تلك الجينات التي فينا، ورغبة العقل في الحفاظ علينا.

ولو في الطريق إلى محل العمل في ذلك اليوم كان الشخص يسمع أخباراً عن اغتيالات، واحتراق المحلات، وسقوط الاقتصاد، فدماغه سيبدأ بالعمل ويبدأ بالتفكر في هذه المخاوف و الأمور السلبية طوال اليوم وعندما ينتهي من العمل وفي الطريق إلى البيت يبدأ من جديد بسماع الأخبار العصرية وتحدث تلك الأمور مجدداً.

رائع جداً! فالدماغ في طوال الليل سيصبح مشوشاً من سماعه تلك الأخبار المزعجة له.

وإذا تركنا الدماغ وشأنه، فسيبدأ وبشكل اتوماتيكي وآلي بالبحث عن المعلومات السلبية في الصباح وفي العصر وفي الليل، فنحن لا نستطيع أن نغيِّر جيناتنا الوراثية فهذه هي استراتيجية الدماغ، لكن في المقابل نستطيع أن نغيِّر من تصرفاتنا ونسيطر على ما سيدخل إليه، فهذا جزء من إختيارنا فإذا كان الدماغ يبحث عن المعلومات السلبية فأنت لا تضعها في متناول يده قدر المستطاع ابتعد عن هذه المصادر السلبية ولا تغذيه بها.

أنت تستطيع أن تضع بدل لذلك الأمر سلبي أمراً ايجابياً مثل بعض الدروس التنموية وبعض المقاطع التحفيزية وبعض الأمور الروحية مثل القرآن الحكيم، والأدعية المريحة كدعاء كميل.

ما هي الأمور التي تأثر على تفكيرنا؟ أي شيء تأذن له بأن يدخل في أذنك وفي بصرك هو أمر يتغذى به الذهن والدماغ، فالذهن كالوعاء الفارغ، وأنت

تملؤه فأي شيء تضع فيه سيستقر فيه.

إذا انتخبتم مشاهدة هذه الأخبار السلبية، فأنتم تسكبون في وعائكم ماءً ملوثاً، وإذا سكبتم في وعائكم هذا الماء السيء والغير نظيف، فأي تصرف تريدون أن تفعلوه سوف يمر من هذا الوعاء الملوث، لأنه هو الشيء الذي تفكرون به، فإذا كان الشيء الذي في الداخل قمامة فالخارج هو أيضاً بطبيعة الحال قمامة.

إذا كان هناك خبر في غاية الأهمية يحدث فتيقن أن 90% من تلك الأخبار ستصل إليك، وإذا كنت تصر على مشاهدة الأخبار بأن تقول: أن عملي مرتبط بمشاهدة الأخبار، حسناً تستطيعون مشاهدة التلفاز في اليوم مرة واحدة، وتلك الموارد التي ترتبط بعملك فقط، وبذلك تكون متأكداً من تلقيك لتلك المعلومة دون غيرها، فعلينا أن نراقب جيداً ما يدخل في عقولنا وأن لتلك المعلومات تأثيراً كبيراً في حياتنا اليومية.

فكل ما يدخل في ذهننا سيؤثر في طريقة تفكيرنا وتصرفنا.

وحريٌّ بنا أن نتعامل مع عقلنا كالمكان المقدس، لا أن نعامله كالمزبلة نرمي فيه كل شيء!

2 - طلب عدم تكملة الحديث حالياً

في بعض الأحيان حين الحديث نكون منفعلين قليلاً، ونحن بالتأكيد لا نريد التكلم ونحن متوترون، لأنه قد يحدث أمور كردات فعل تخرج عن سيطرتنا فجاءة، فعندما تتكلم معنا زوجتنا لكن نشعر بأن الوقت ليس مناسباً، نطلب منها وبكل احترام أن يتم تأجيل الحديث قليلاً، ومن ثم نكمله في وقت قريب لكي نصل إلى نتائج أفضل بكثير، ونكون بحالة نفسية مريحة.

ولكي تعرف أنه، هل حان وقت الرحيل والتأجيل أعطِ لنفسك درجة من 0 إلى 10، كم هو مقدار غضبك في ذلك الموقف الآن؟ إذا كان أكثر من 6 فأطلب استراحة.

3 - التقليل من الذهاب والإياب!

هناك بعض الأشخاص وبمجرد قضاء بعض الوقت معهم يفسدون لك مزاجك، فيا ترى لماذا علينا الذهاب مع أناس يفسدون لنا مزاجنا لذلك اليوم، ويعرِّضون صحتنا للخطر، فهذا بالتأكيد ليس من الحكمة.

4 - لنخرج من الأماكن والظروف التي تسبب انزعاجنا وغضبنا

غضبنا مرتبط بـ:

- الغذاء المناسب
- النوم الكافي
- الدورة الشهرية
- السلامة

توقعات وانتظارات تسبب لنا الغضب علينا التخلص منها:

- لدينا توقع ألا يكون هناك اختلاف في رغباتنا وآرائنا واحتياجتنا وعقيدتنا!

لقد ربيتَ وكبرتَ في ظروف مختلفة تماماً عن الغير ومعلومة واحدة اضافية تضاف إلى معلوماتك قد تغيِّر من قرار كبير كنتَ على وشك اتخاذه فكل واحد منا قد كبر في ظروف خاصة وكل واحد منا كانت مصادر معلوماته مختلفة عن الآخر، فلماذا هذا التوقع الغريب يا ترى؟ لماذا نتصور أن زوجتنا ستكون النصف الآخر من التفاحة؟

-لدينا توقع ألا يقول لنا أحد ما «لا» فالجميع يجب أن يقول: «نعم» لأنني أنا مَنْ قلت هذا وكيف يجرؤن على مخالفة طلباتي.

قد لا نقول مثل هذا الكلام، لكن في الواقع هذا ما يحدث في داخلنا، فما أن سمعنا «لا» نصبح أناس عبوسين، وتتبادر لنا أفكاراً سوداوية، فلماذا قال لي «لا»، لو كنتُ أنا مكانه لفعلت كذا و كذا «ونبدأ باصدار الأحكام»، لكن هم لم يخلقوا لكي يلبوا لنا رغباتنا واحتياجتنا فهم ناسٌ ولديهم أفكارهم ومصالحهم الخاصة، وباستطاعتهم متى ما أرادوا أن لا يقبلوا ذلك الاقتراح الغير جذاب بالنسبة لهم.

لكن علينا أن نتمرن على سماع كلمة «لا» ولا نشعر بذلك الإحساس السلبي وطريقته أن نذهب إلى أكثر عدد ممكن من الناس ونطلب منهم أموراً ونسمع منهم كلمة «لا» حتى بالتدريج يتم بناء هذا المسار العصبي ويكون بالنسبة لنا أمراً عادياً ولا يُعكرِّ مزاجنا.

أنصحكم بمشاهدة هذا الفيديو في قسم الهدايا والذي هو بموضوع سماع كلمة «لا» في تد:

الرابط: https://mmaash.com/**bookgifts**/

مبادرة:

أطلب 20 طلباً من أناس مختلفين تسمع بها كلمة «كلا»

....

....

....

-لدينا توقع ألا نفشل في العمل!

الفشل هو جزء من مسيرة النجاح وليس هناك نجاح من غير فشل وتستطيعون رؤية هذا الأمر بقراءة قصص النجاح للناجحين، فإن كنتَ تريد نجاحاً فالفشل أيضاً سيأتي في بعض الطريق لكي يزيد من معلوماتك وتجاربك التي أنت بحاجة إليها في هذا المسير.

-لدينا توقع أن يكون هنالك حل من غير مشاكل.

ليس هناك حل من دون أي مشكلة لكن كل ما في الأمر هو أننا نرجِّح كفَّة إحدى الميزانين على الأخر.

كل حل لديه مشكلاته الخاصة

ويجب عليكم أن تتخذوا القرار أي المشكلات تنتخبون!

ويليام غلاسر[1]

حسنا ما هي الطرق التي تساعدنا في السيطرة على غضبنا؟

معرفة نقاط الغضب:

إحدى الاستراتيجيات المهمة جداً والتي تساعدنا في السيطرة على الغضب، هي أن نعرف ما هي العبارات أو التصرفات التي إذا فعلها الشخص تسبب لنا الغضب.

فإذا عرفنا نقاط الضعف سنستطيع العمل على تقويتها ولا نسمح للآخرين أن يلعبوا بنا كالدُّمية.

مبادرة

اذكر لنفسك الأفعال والكلمات التي تسبب لك الغضب:

....

....

....

والآن بعدما بادرتم بكتابة نقاط الغضب، الآن باستخدام الصورة الذهنية

(1) Dr. William Glasser

اغمضوا عينيكم وكالمخرج تماماً تخيلوا أنفسكم في ذلك الموقف مع جميع الجزئيات وانظروا إلى أنفسكم بأنكم مسيطرون على ذلك الموقف تماماً، فالشخص لا يزال يفعل تلك الأمور، لكن أنتم تستطيعون السيطرة بسهولة على غضبكم فجهاز التحكم بيدكم لا بيد غيركم».

العبارات المحرَّفة من الماضي:

من الموضوعات الأخرى التي تساعدنا في السيطرة على غضبنا حين الانتقاد وهي التي قد يستخدم المنتقد كلمة، لا تكون لها معناً بالنسبة له لكن تكون لنا بحراً من المعاني.

وهي عبارة عن معرفة الكلمات المحرفة عندنا، كالشخص الذي في صغره كانت والدته تقيسه دائماً مع أحد أفراد العائلة مما كان يسبب له حزنا وغضباً تجاه ذلك الفعل، والآن وبعد 20 سنة كان يحمل معه هذا الشيء فما كان إلا ويسمع اسم ذلك الشخص إلا ويتعكر مزاجه ويصبح غاضباً، فعلينا أن نعثرَ على هذه اللحظات، وهذه الكلمات، ونكون صريحين، ونسأل أنفسنا يا ترى لماذا أغضب في هذه اللحظة فليس هناك شيء يستحق هذا الأمر؟ علينا معرفة هذه العبارات جيداً ومعرفة متى غضبنا هو من أجل ذلك الانتقاد ومتى نغضب من أجل حدث في الماضي!

تبديل العبارات أو الحركات إلى أمر كوميدي!

هذا الأمر مشابه للذي ذكرناه قبل ذلك، وهو كيفية تلقينا للمعلومات الخارجية، مثل ان يرفع الشخص إصبع السبابة ويتكلم معنا، وكما قد طبع في ذهننا أن تحريك الاصبع بهذا الشكل معناه التهديد، والتهديد ليس مرغوب فيه، وبالنتيجة يتولد فينا الغضب، لكن ماذا إذا تلاعبنا بهذه المعلومات قليلاً؟ فنغيِّر بعض الأمور التي سجلت بسلبية إلى أمر مضحك حينها عندما يقوم شخص ما بهذا الأمر سيكون من وجهة نظرنا أنه أمر مضحك وليس أمر

يغضبنا، لكن يجب أن تكون منتبها أن لا تضحك فجاءة وأنت تتذكر ذلك الأمر!

البحث على الهدف النهائي:

تذكر الهدف والمقصد النهائي من ذلك الفعل، فعندما نعرف نهاية هذه القصة فهذا يزيد من وعينا ويذكرنا بالهدف الذي نحن متجهين نحوه، فحينما ينتقدنا شخص ما وتبدأ تلك الحالة الدفاعية، والغضب فينا، علينا أن نتذكر تلك الهدية المخفية التي يقدمها لنا الشخص.

وكمثال آخر، حينما نذهب في سفر من أجل أن نمرح قليلاً، وإذا ما حدث أمراً ما خلاف انتظاراتنا فيتسبب في الشعور بالغضب فينا لأن ما كنا نتوقعه لم يحدث، علينا أن نتذكر ما هو الهدف من هذه الرحلة؟ وهل غضبنا يساعدنا في هذا الهدف؟ والآن بعد أن لم يحدث ما أردناه نبحث ما هو البديل لنُكمل رحلتنا ومرحنا؟

هذا الأمر يساعدنا كثيراً في الوقاية والسيطرة على الغضب في مثل هذه الظروف.

المبارزة الشخصية:

الناس بواسطة الأشياء التي يرغبون أن يحصلوا عليها يتم اشعال حماسهم وقدرتهم، ويتم إشعالها بواسطة الأشياء التي لا يرغبون بها أيضاً، فالحب هو طاقة محركة قوية والكراهية هي كذلك أيضاً، خلافاً للكثير من المعتقدات فالكراهية ممكن أن تكون جيدة جداً لنا، مثل كره الظلم، وكره الأمراض، وكره الإرهاب، وكره الفقر، وكره الطائفية، ومن قبيل هذه الأمور السيئة.

في التاريخ أكثر القصص عن التغييرات والانقلابات السياسية كانت نتيجة مبارزة مع عدو، قيام الإمام الحسين عليه السلام ضد يزيد بن معاوية، وثورة التسعين في العراق، وصراع شركة آبل وشركة مايكروسوفت أستطيع أن أكمل أكثر لكن اعتقد أنكم قد فهمتم ما أقصده الآن.

فإحدى أكبر المحفزات والقرارات والمقاومة التي حدثت في التاريخ كانت بواسطة هذه الطاقة.

فالأناس الذين يرسلون لنا الكراهية، أو الطاقة السلبية يعطوننا دليلاً لكي ننهض ونذهب للقتال، واحتياجنا للمبارزة الشخصية تدعو مهارتنا وشخصيتنا وإرادتنا للتحدي، وتجبركم لكي تقيموا أنفسكم وتخرجوا طاقاتكم المستورة فبدون هذا المبارزة قد نتكاسل ونفقد طاقتنا وهدفنا.

لديك شخص ما أهانك بانتقاده، أو استخف بك، احضن تلك الطاقة السلبية، وحوِّلها إلى طاقة تدفعك في طريق هدفك، وحوِّل هذا الكلام إلى تحد بينك وبين ذلك المنتقد، فهو لا يعرف ماذا فعل بك، لقد أعطاك هذه الطاقة المخفية، التي إذا استخدمتها سيندم طوال عمره على ذلك الانتقاد الذي وجهه لك.

لكن ألن تجعل منا هذه الطاقة أناساً غير أخلاقيين؟

البعض يشعر بالذنب لأنه أراد أن يثبت لأولئك الأشخاص الذين يتكلمون عنه بسوء، أنهم مخطئون أو يشعر بالذنب لأنه يقابل ذلك الكلام الذي قيل عنه بأنه لا يستطيع أن يقوم بشيء أو يشعر بالذنب لأنه يريد أن يفوز وينتصر على المنافسين! وفي الواقع ليس مهماً ما هو محركك ودافعك ما دام الدافع أخلاقياً وشرعياً.

فالهدف من هذه العملية، هو أن يوجد فيك طاقة أكبر لكي تتحرك بصورة أقوى، طاقة سلبية قوية تستخدمها لأجل نهاية مؤثرة أكثر، وبدل أن نأذن لهذه التجارب الماضية الموجعة أن تذوِّب طاقتنا وتدمر نجاحنا، نستطيع أن نستخدمها بعنوان وقود لإحداث تغييرات ايجابية والبناءة فينا.

هذا ما فعله المصارع محمد علي كلاي، فبعد الجد والتعب وتحمل الكثير من الأوجاع حصل على مداليته الأولى وأرسلها إلى معلمه الذي قال له: «لن تكون شيئاً»!

وهذا ما فعله مقدِّم البرامج المشهور ستيف هارفي بعد أن كان صغيراً وعمره 10 سنوات وكان في المدرسة قالت المعلمة للطلاب: فليكتب كل واحد ماذا يريد أن يصبح حينما يكبر.. فكتب ستيف أريد أن أظهر على التلفاز وبعدها قدَّم ورقته للمعلمة.

وما أن قرأت المعلمة الأوراق صاحت باسم ستيف ونادته إلى مقدمة الصف من بين جميع الطلاب، فسألته المعلمة ما هذا الذي جعلك تكتب مثل هذا الأمر يا ستيف؟!

ومَنْ في المدرسة ظهر يوماً على التلفاز يا ترى؟!

ومَنْ من عائلتك ظهر يوماً على التفاز؟!

ومَنْ في هذا الحي ظهر يوماً على التلفاز؟! «وكان ستيف هارفي لديه في صغره تلعثم حاد لم يستطع التكلم بسهولة».

ثم قالت المعلمة: انظر إلى حالك الآن فأنت لستَ حتى قادر على الكلام، كيف سيجعلون شخص مثلك على التلفاز؟

كان بالطبع يستطيع أن يذهب إلى البيت ويغلق باب الغرفة ويكتفي بالبكاء على نفسه.

لكن ماذا فعل ستيف؟ أخذ تلك الطاقة وحوَّلها إلى وقود يستخدمها إلى أعوام طويلة، حتى وَصَلَ إلى حلمه، وهو الآن يرسل في كل سنة إلى معلمته تلفازاً بشاشة مسطحة لكي تتمكن من مشاهدته جيداً!

لم تكن تلك الطاقة السبب الوحيد في نجاحه لكن كانت إحدى المحفِّزات والدوافع التي كانت دائماً تدفعه بقوه إلى الأمام فهذا وقود ومن نوعه الفاخر إذا أحسنَّا استخدامه.

الطاقة السلبية قد يكون فيها طاقة مضاعفة لكي تحركك إلى الأمام لو عرفنا كيف نستخدمها.

والهدف ليس إثبات نفسك لأولئك الأشخاص لا! بل لديك هدف وبواسطة هذا الاحساس السلبي تستعمل هذه الطاقة بعنوان منبِّه لكي يوجد لك نهاية أقوى وموفقة أكثر، فهؤلاء الأشخاص هم وقودك لأجل ذلك الهدف النهائي الذي ترسمه لنفسك وحياتك.

رجاء

قبل اصدار أي حكم على واحدة من هذه الطرائق جربوها ومن ثم اصدروا حكمكم إن شئتم وتذكروا العقل البدائي والذي يحاول أن يقول لكم دعوا كل شيء على حاله فنحن في أمان الآن.. فقط واحدة من هذه الطرق إذا عمِلت معكم ستسبب حذف الكثير من لحظات الغضب الغير مرغوب فيها في حياتكم.

الفصل الخامس
الإختيار والإنتخاب

الفصل الخامس:
الإختيار والإنتخاب

تخيلوا أن العالم يكون مثل فيلم سينمائي حينما تختارون فلماً أعجبكم أو لم يعجبكم لا تستطيعون ايقافه وعليكم مشاهدة ما اخترتموه.

بالتأكيد أن الإنسان سيكون أكثر حذراً في انتخاب الأفلام التي يريد أن يراها، وكم سيكلفه إذا كان الانتخاب فقط بمجرد رؤية الظاهر ولا يكون بحسب المحتوى الذي فيها، ففي هذه الصورة حتى إذا لم يعجبك الفلم فعليك مشاهدته حتى النهاية.

وإذا كان ذلك الفلم طويلاً سيكون الانتخاب حينها أصعب، كالفلم الذي انتخبته ويكون مدته 24 ساعة ولا تستطيع أن تنهي الفلم أو تترك المكان، حينها الانتخاب سيكون أصعب.

فتصوروا أن الانتخابات التي تفعلونها في حياتكم ستجبركم بالمشاركة في مواقف كثيرة تستمر معكم إلى الأبد، في هذه الصورة فبأي حساسية ودقة سننتخب تلك الأمور التي تتولد منها تلك المواقف؟

وحياتنا مشابهه كثيراً للشخص الذي ينتخب بأعماله أن يكون في أي الظروف والمواقف في مسيرته في الحياة، لكن مع هذا الاختلاف فإن أغلب الناس لا يعلمون أن عليهم قبول عواقب أعمالهم وأن يعيشوا مع تلك النتائج الايجابية أو السلبية لإنتخاباتهم.

والإنسان العادي ليس لديه مثل هذه الرؤية لانتخاباته ولنتيجة أعماله، وبعبارة أخرى هو لا يلاحظ مدى تأثير كل عمل على حياته المستقبلية.

هناك قصة لطيفة عن شخص كان راكباً لحصانه، وكان مسرعاً وكأنه يذهب لمكان أو موعد في غاية الأهمية، فناداه رجل كان قد وقف على طرف الطريق سائلاً: «إلى أين تذهب؟»

فأجابه الفارس: «لا أعرف، إسأل الحصان!».

هذه قصة الكثير من الناس، فهم لا يعرفون إلى أين يتجهون بانتخاباتهم فيفاجأون بنتائج تلك الانتخابات التي فعلوها من غير أي حساب لتلك النتائج.

وربنا سبحانه وتعالى يقول: ﴿فَمَن يَعْمَلْ مِثْقَالَ ذَرَّةٍ خَيْرًا يَرَهُۥ ۝ وَمَن يَعْمَلْ مِثْقَالَ ذَرَّةٍ شَرًّا يَرَهُۥ﴾[1] فلكل انتخاب واختيار له أثر وإن كان صغيراً، فهو يؤثر على حياتنا بمقداره.

وهذه العبارات نقبلها في الظاهر لكن هل كل عمل واختيار نقوم به نلاحظ أثره في المستقبل يا ترى؟ وعلامة ذلك هو حينما يحدث أمراً ما فينا بسبب فعل في الماضي نلوم ذلك الحدث وليس ذلك الاختيار الذي أدى إلى هذا الأمر «النتيجة».

الوعي بالاختيارات

في اليوم الواحد نتخذ مئات القرارات وكل قرار وانتخاب له نتيجة وإحدى التمارين لكي نعي ونتنبه قليلاً لاختياراتنا هو تمرين عد الانتخابات مثلاً، في هذا اليوم ما كانت انتخاباتك؟

قررت واخترت الجلوس في الساعة 5 صباحاً، وبعدها اخترت الصلاة، ثم تناول الفطور، واخترت أن ألبس ثيابي لكي أشتري حاجاتي وانتخبت أن افتح الباب الخ.. بكل جزئياتها وتفاصيلها فكلها عبارة عن انتخابات نقوم بها

(1) سورة الزلزلة: 8

الفصل الخامس: الإختيار والإنتخاب

في اليوم ومن غير أن نعي هذا الأمر، فالانتخاب واتخاذ القرار ليس فقط شراء البيت وانتخاب أعضاء البرلمان بل كل صغيرة وكبيرة من أفعالنا هو اتخاذ قرار منا.

وفي نهاية كل يوم إذا عددنا خمسين اختياراً وقراراً اتخذناه، سنصبح بالتدريج أكثر وعياً بكل هذه الانتخابات التي نفعلها باليوم وبالنتائج التي تسبب لنا هذه الانتخابات والقرارات.

أعلم أن كتابة هذه الأمور ليست بالشيء الصعب، وقد لا يتبادر في الوهلة الأولى تلك الأهمية الكبيرة في كتابة هذه الانتخابات لكن هذه العملية تعطيكم وعياً أكثر بكمية الانتخابات التي أنتم تفعلونها في اليوم وأنتم غير واعين لها..

كما قال جيم رون: «إن الأمور التي فعلها يسير، عدم فعل تلك الأمور أيضاً يسير»، ولا يتحقق أثر التمرين بواسطة صعوبته لكن بالتكرار بالمقدار الكافي وهذه الأمور الصغيرة التي نطبقها في حياتنا تسبب في تحول في حياتنا شيئاً فشيئاً.

مبادرة

أكتب خمسين اختياراً وانتخاباً فعلته في هذا الصباح:

_____
_____
_____
_____
_____

شاب ما يُبذِّر في صرف المال، ولا يذهب للبحث عن وظيفة، وتصرفاته لا تكون لائقة فتكون نتيجته أن يكون بلا مال، ولا سكن، فيبدأ بالتذمر، وشكاية بؤسه للناس، والحال أن مجموع تلك الخيارات أوصلته إلى هذا المكان.

فعلى فرض المثال، أنك كنتَ تستطيع أن تسأل الناس في أنحاء العالم أن يجيبوا على هذا السؤال بصدق تام: كيف حالك؟

ستجد أن الملايين يقولون: «تعس أو حزين» وإذا سألت لماذا؟ سيبدأ أغلبهم بلوم الغير على حالهم هذه: زوجتي، صديقي، أبنائي، أقربائي، المدير، الخ.. وأغلبنا قد سمع عبارات مثل: لقد جنني، هذا الأمر يحزنني كثيراً، عندما أغضب لا أستطيع أن أسيطر على نفسي! ولا يخطر على بال هؤلاء أبداً أن ما يمرون به هو من تبعات انتخاباتهم وهم سبب تعاستهم وحزنهم.

ويليام غلاسر يقول: «طبقاً لدلائل علمية إن كل الأفعال التي نقوم بها، ومن ضمنها الإحساس بالبؤس والحزن هي من ضمن انتخاباتنا، فالأشخاص لا يستطيعون أن يجعلونا بؤساء، أو سعداء فكل الذي نستطيع أن نستلم منهم أو نعطي لهم هي «المعلومات»».

والمعلومات لوحدها لا تستطيع أن تصدر منا فعلاً وإحساساً، فهي تدخل في الدماغ وبعد التحليل نتخذ قراراً ماذا علينا أن نفعل بالضبط، والتصرفات تكون بكثرة الادراكات المختلفة فبعض الأشخاص حين رؤية الزجاج وفيه سائل شفاف مملوء للنصف يقولون: نصفه ممتلئ والبعض الآخر: نصفه فارغ، والبعض الآخر يلاحظ ذلك السائل ويقول: إنه ماء وكل واحد يبدأ بتفسير تلك الواقعة حسب فهمه.

أو أب يتكلم مع ابنه بصوت عال، فالابن يتلقى هذه المعلومات ويترجمها على أنها إهانة وبالتالي ينتخب أن يصدر منه التصرف حسب الشيء الذي فهمه، وابن آخر يتلقى هذا على أن الأب يهتم بي وهو يخاف على مستقبلي،

الفصل الخامس: الإختيار والإنتخاب

وينتخب لكي يتصرف بطريقة مختلفة تماماً عن الابن الأول.

فنحن ننتخب كيف سنحس وكيف سنتصرف تجاه تصرفات الأصدقاء والمجتمع بشكل عام فنحن من يتحكم بأنفسنا وغيرنا يتحكم بنفسه ونحن ليس لنا علينا من ذلك شيء.

أريد منك أن تجلس بشكل منتصب ومن ثم احمل قلماً الآن وضعه في فمك بشكل أفقي وكأنك تبتسم «وإذا لم يكن عندك قلم فضع بدلا عنه إصبع السبابة» لمدة 5 ثانية!

والآن كيف تشعر؟ فبتغييرك تصرفاتك تتغير معه أحاسيسك.

الإنسان من حين الولادة إلى الموت كل لحظة هو في حال قيام فعل ما.

هنالك شخص يريد أن يصبح إنساناً ناجحاً في مجاله لكن أعماله غير مطابقة للشيء الذي يريده فيومه عبارة عن النوم الكثير وارسال الرسائل في المجموعات، والذهاب إلى المقاهي و.. أو زوج يأتي من العمل وهو عبوس، ولا يخصص وقتاً مع زوجته بل يقضي وقته الباقي مع الجوال، و شرب النرجيلة، وهو يريد أن تهتمَّ زوجته به بشكل رائع وتكون مبتسمةً دائماً..

فهل انتخاباتنا تساعدنا في الطريق إلى أهدافنا؟

وفي أي فعل نفعله هل نلاحظ تلك النتيجة التي تتبعها؟

لا يمكننا أن نريد شيئاً لكن نتصرف بطريقة مختلفة لذلك الشيء الذي نريده ونتوقع أن يحدث ما كنا نريده، فالنتائج مرتبطة بالأفعال، وبالتالي لن تحصل على الشيء الذي كنت تريده، وستشعر بإحساس سلبي وغير جيد، فالذي تستطيع أن تفعله هو:

1- إما **أن تغير رغباتك**، وتنسى رغبتك في النجاح في مجالك وتنسى رغبتك في أن تكون زوجتك سعيدة معك، وأنت سعيد معها.

2 - إما أن تغير من أفعالك، الرغبة موجودة لكن تبدأ بتغيير الأفعال لكي تتغير النتائج.

3 - إما أن تغير كليهما، فآثار الأفعال «الانتخابات» قد لا تشعر بها الآن، لكن نحن بانتخابنا و فعلنا قد فعّلنا أثر ذلك الانتخاب إما الآن، وإما في المستقبل القريب أو البعيد.

إذا كنا نعلم أنه من أجل لقمة واحدة إضافية من الفلافل، سنسقط على الأرض مباشرةً، ونمسك بقلبنا من أجل نوبة قلبية تصيبنا، لكان من المستحيل أن نُقدم على أخذ تلك اللقمة من ذلك الساندويش وإذا كانت السيجارة التالية لكم تسبب في أن يكون وجهكم كعجوز ذو 89 سنة فقد لا تقدمون على شرب تلك السيجارة أبداً، وإذا كانت معاملتك لوالديك بطريقة سيئة تسبب في انهيار عملك الاقتصادي، وفشلك في الحياة مباشرةً، سيكون من السَّهل جداً لك أن تتصل كل يوم بهما وتستمع إلى شكاويهما بكل محبة، وهدوء، وإذا كان أول لقمة من الكيك تسبب في ارتفاع وزنك 40 كيلوغراماً سيكون قول جملة: «لا شكراً» لتلك الحلوى أسهل بكثير.

لكن للأسف فنحن لا نرى نتائج أعمالنا بهذه السرعة، فهذه العادات السلبية تكشف أثرها فيَّ لاحقاً فالنوبة القلبية، أو تحول وجهنا إلى شكل شخص مسن، أو انهيار عملنا، أو أن نصبح بدينين ليس في «الآن» لكن عن قريب فأنت بهذه الأفعال قد اتجهت لهذه النتائج.

والنجاح كذلك، يجب أن تتجه تجاهه، تريد أموراً أكبر؟ فعليك أن تصبح أكبر، فالنجاح ليس شيئا تطارده، فإن الشيء الذي يتم مطاردته يهرب، مثل مطاردة الفراشة، النجاح هو أمر تجذبه إلى حياتك، وذلك بالشخص الذي تتبدل إليه بالاختيارات والعادات التي تضيفها إلى حياتك اليومية.

الفصل الخامس: الإختيار والإنتخاب

مبادرة

لكي أصل لذلك الهدف الذي أريده، إلى أي شخص يجب أتبدل؟

_____
_____
_____

التصفيق بحرارة

إحدى الألعاب المفضلة في صغري كانت لعبة التصفيق، وكانت عبارة عن أن أحد الأشخاص يأتي بشيء ويخفيه عنا، ومن ثم نقوم ونجول في أنحاء البيت، وكلما اقتربنا أكثر من ذلك الشيء المخفي كان التصفيق يصبح أقوى علامة على قربنا منه، وكلما ابتعدنا أصبح التصفيق أقل حتى ينقطع، نحتاج مثل هذا الأمر في حياتنا اليومية، وفي انتخاباتنا، هل يا ترى ذلك الانتخاب يقربنا من هدفنا أم يبعدنا؟! فان لكل انتخاب وفعل تأثيره، وعلينا أن نحمل هذه الفكرة دائما في أذهاننا، هل يقربنا من هدفنا أو يبعدنا عنه؟

الشخص الذي ينوي أن يحسن من علاقته مع ابنه هل الانشغال بالجوال والابن يتكلم معه يقربه من هدفه؟ أم هل الصراخ على الابن أو تخصيص وقت مشترك لكليهما يقربه من هدفه؟

لا تستصغر أثر أي اختيار

يُحكى أن في إحد أركان مترو الأنفاق المهجورة كان هناك صبي هزيل الجسم، شارد الذهن، يبيع أقلام الرصاص، ويشحذ من الناس الإحسان إليه. مرَّ عليه أحد رجال الأعمال فوضع دولاراً في كيسه، ثم استقلَّ المترو في عجلة من أمره..

وبعد لحظة من التفكير خرج من المترو مرة أخرى، وسار نحو الصبي، وتناول بعض أقلام الرصاص، وأوضح للشاب باللَّهجة يغلب عليه الاعتذار أنه نسي التقاط الأقلام التي أراد شراءها منه وقال: إنك رجل أعمال مثلي، ولديك بضاعة تبيعها، وأسعارها مناسبة للغاية، ثم استقل القطار التالي.

بعد سنوات من هذا الموقف وفي إحدى المناسبات الاجتماعية تقدم شاب أنيق نحو رجل الأعمال وقدَّم نفسه له قائلاً: إنك لا تذكرني على الأرجح وأنا لا أعرف حتى اسمك ولكني لن أنساك ما حييت.. إنك أنت الرجل الذي أعاد إليَّ احترامي، وتقديري لنفسي لقد كنتُ أظن أنني «شحاذ» أبيع أقلام الرصاص إلى أن جئتَ أنتَ وأخبرتني أنني «رجل أعمال».

لا تستصغر أي فعل، فكل فعل له تأثيره، ولكن لا تعلم الآن ما مدى تأثيره.

أثر الفراشة

وهي تقول: «أن تحريك جناح فراشة في الصين قد يتسبب بحدوث إعصار مدمر في بقعة من بقاع الأرض».

لكن كيف بتحريك جناح فراشة يَحدث إعصار؟

بمجرد حركة هذا الجناح قد تأتي معها بعض العوامل، والتيارات الموافقة، والتي يتولد منها سلسلة متتابعة من النتائج والتطورات المتتالية وتكبر وتتابع شيئاً فشيئاً ثم تتبدل إلى ذلك الشيء الكبير المدمر «الإعصار».

فلا تستصغر أي عادة، ولو كانت صغيرة فهذا الأمر الصغير الغير محسوس قد يتحول إلى شيء كبير خارج عن جميع تصوراتك.

قد تعتقد أنك شخص غير محظوظ لكن في الواقع هذه مجرد أعذار، وتبريرات فإن الإختلاف بين الثروة، والسعادة، والسلامة، مع الخسارة، والكآبة، والمرض هو في انتخاباتكم في الحياة، وليس هناك أي شيء آخر يسبب هذا الإختلاف، فأي انتخاب تفعله اليوم هو يصنع مستقبلك فاختر

بحذر! الفرص التي هي اليوم بين يديك قد تنتهي مدة صلاحيتها، ولا تكون غداً موجودة فلا تقف وتكتفي بالنظر إليها.

والإمام علي بن أبي طالب ﵇ يقول: «**الْفُرْصَةُ تَمُرُّ مَرَّ السَّحَابِ، فَانْتَهِزُوا فُرَصَ الْخَيْرِ**»[1]

ماذا نستطيع أن نختار

وهل كل شيء هو تحت سيطرتنا؟

نحن لا نستطيع أن نختار كيف يتعامل الآخرون معنا، أو ننتخب ماذا سيحدث معنا، لكن نستطيع أن ننتخب كيف نتعامل مع كل هذه الأمور، وما هي ردة فعلنا تجاهها كلها.

في عالم مليء بالمفاجآت، إنفجار في إحدى الشوارع، حدوث مشكلة عائلية، ، انهيار الاقتصاد الخ .. تحدث هذه الأمور لكن أنت كيف ستتعامل معها؟ هذا اختيارك أنت، فقد يبدأ البعض بالتهرب من المسؤولية بقوله: ليس لدي العلم الكافي والمهارة الكافية وماذا أستطيع أن أفعل؟.

نحن لم نقل ماذا عليك أن تفعل لكن نقول: أن كيفية تصرفك تجاه أي ظرف هو تحت سيطرتك واختيارك، قد لا تكون تلك الأمور تحت سيطرتك لكن تصرفاتك هي بيديك وتحت تصرفك.

لكن في النهاية نقول لهم: أن مثل هكذا التفكير هو انتخاب واختيار أيضاً..

ابنك صرخ في وجهك تضربه؟ هذا انتخاب، تصرخ أنت في وجهه؟ هذا انتخاب، تدعه يهدأ ولاحقاً تبيِّن سوء فعله؟ هذا ايضا انتخاب، وكل انتخاب له تأثير مختلف تماماً عن الآخر سواء على المدى القريب أو على المدى البعيد.

---

(1) نهج البلاغة: ح17

نحن باستمرار في حال انتخاب، ننتخب أن نقرأ هذه العبارات، ننتخب كيف نتعامل مع الناس، ننتخب كيف يجب أن نحل تلك المشكلة، ننتخب أن نفعل ذلك الأمر القبيح أو لا، ننتخب أن نفعل تلك المعصية أو لا، إذ أن ارتكاب الذنوب، والمعاصي لها ايضا نتائج، وآثار دنيوية سيئة على الإنسان، بل وعلى روحه، ونفسه، وجسده، وعائلته، ومجتمعه، والناس الذين حوله، ولكن الأخطر من ذلك كله، هو النتيجة الأخروية التي سيحصدها.

ففي كل موقف هناك الكثير من الخيارات التي نحن ننتخب من ضمنها ونتصرف بحسب ذلك الانتخاب وتكون نتيجتنا لها ارتباط مباشر بكل تلك الانتخابات وفي الواقع المكان الذي نحن موجودون حالياً، هي نتيجة انتخابات سابقة أوصلتنا إلى ما نحن عليه ايجابية كانت تلك الانتخابات أو سلبية.

إما أن تَنتَخِب وإما أن تُنتَخَب

لسنا قادرين دائماً على التحكم بما يحدث لنا، ولا التحكم بما يصيبنا، لكننا قادرون دائماً على التحكم بكيفية تفسيرنا لما يحدث لنا، إضافة إلى تحكمنا بكيفية استجابتنا له.

وسواء كنا ندرك الأمر إدراكاً واعياً أو لا، فإننا مسؤولون دائماً عن تجاربنا وعمَّا يمر بنا.

من المستحيل ألا نكون مسؤولون، لأن اختيارنا ألا نفسر الأحداث التي في حياتنا تفسيراً واعياً يظل في حقيقته تفسيراً لتلك الأحداث، وخيارنا ألا نستجيب لتلك الأحداث التي في حياتنا يظل استجابة لها، حتى إذا ضُربتَ بحجر، أو صدمتك سيارة وهرب سائق السيارة، فإن من مسؤوليتك أنت أن تفسر معنى الحدث وأن تختار استجابتك له.

في كل لحظة من حياتنا نحن ننتخب، وحتى إذا لم ننتخب فهو انتخاب

ألا ننتخب، وسواء أعجبنا هذا أم لم يعجبنا، فإننا نقوم دائماً بدور فعَّال فيما يحدث لنا، وفيما يحدث في داخلنا، إننا نقوم دائماً بتفسير معنى كل لحظة، وكل حدث.

ونحن نقوم دائماً باختيار القيم والأخلاقيات التي نعيش بها، وغالباً ما يمكن أن يكون الحدث نفسه جيداً أو سيئاً بحسب المقياس الذي نختار استخدامه.

الفكرة هي أننا في حالة اختيار دائم سواء أدركنا هذا أم لم ندركه، إننا هكذا دائماً ما دمنا في الحياة الدنيا.

والأمر عائد إلى أنه لا وجود في الواقع لشيء اسمه «عدم الاهتمام بأي شيء على الإطلاق»، هذا أمر مستحيل، إذ لا بد لأي منا الاهتمام بشيء ما، وحتى إذا قررتَ ألا تهتم بأي شيء فإن هذا يظل اهتماماً بشيء ما! إنه اهتمامك بألا تهتم بشيء!

لكن السؤال الحقيقي هو: كيف نختار أن نفسر الأحداث؟ وكيف نختار أن نتصرف تجاه الأحداث؟ وهل اختيارنا يزيد من سعادتنا، ويحسن من مستوى حياتنا؟

السِّلاح السِّري

تماماً وفي هذه اللحظة عينوا أي جانب من حياتكم تريدون أن تزيدوا من نجاحكم فيه، هل تريد أن تحصل على مال أكثر؟ أو تريد أن تقلل من وزنك؟ أو أن تحصل على علاقة أفضل مع زوجتك وأطفالك؟

إبدأ بالتصور، أين أنت حالياً؟ وأين تريد أن تكون مستقبلاً؟ أغنى، أسعد، أضعف أو أي شيء آخر تطمح إلى تحقيقه، ففي البداية عليك أن تعي وتفهم أين تريد أن تذهب «حدد هدفك»، فإذا كنت تريد الذهاب من هذا المكان، إلى ذاك المقصد المرتجى، فأول خطوة هي أن تعرف وتعي تلك الخيارات

التي تُبعدك عن هدفك، وتحرفك عن مسارك، ويجب أن تعي وتعرف كل تلك الانتخابات التي تتخذها اليوم لكي تستطيع أن تكمل طريق التطور بإتخاذك قرارات أذكى!

وللمساعدة لكم ولكي تعوا الانتخابات التي تفعلونها، أريد منكم أن تحددوا ذلك القسم من الأفعال التي هي مرتبطة وتريدون أن تطوروه في حياتكم، ومن ثم تبدؤون بستجيل المعلومات المرتبطة به، إذا كنتَ قد قررتَ أن تتخلص من القروض، فيجب أن تحسب أي دينار يخرج من جيبك، وتسجله، وإذا قررتَ أن تقلل من وزنك، يجب أن تسجل أي شيء يدخل في فمك، وإذا قررتَ أن تدخل في سباق عليك أن تسجل التمرين، ومقدار التمرين، ويكفي أن تحمل معك في أي مكان تذهب دفتراً صغيراً، وقلماً وتضعه في جيبك أو في الحقيبة.

فيجب أن تسجل كل شيء، في كل يوم ومن غير أي عذر وتبرير ومن دون أي استثناء، وكأن صاحب العصر والزمان «عجل اللّه تعالى فرجه الشريف»، أو أي شخص مهم في حياتك يراقبك وهو بانتظار أن ترقِّي من نفسك، وتحسِّن من مستوى حياتك.

وكتابة هذه الأمور على ورقة قد تكون مملة، وصغيرة بالظاهر لكن لا تستصغر أي شيء في الحياة، فهذه الأمور الصغيرة هي التي تحدث نتائج كبيرة في حياتكم.

أكبر اختلاف بين الأشخاص الناجحين، والأشخاص الغير الناجحين، هو أن الناجحين يرغبون بالقيام بأمور لا يرغب أن يفعلها الأشخاص الغير الناجحين.

قل: اليوم سأفعل أموراً لا يفعلها الغير لكي أفعل غداً أموراً لا يقدر أن يفعلها الغير.

تذكروا هذا حينما تواجهون خيارات صعبة ومتعبة فحينها سيكون ذلك الانتخاب في ذلك الموقف مؤثراً كثيراً في حياتكم.

مصيدة الوقت

كنتُ أعاني كثيراً من مسألة الوقت، وأنا لا أعرف بالضبط كيف وقتي يمر وفيما أصرفه، فكان وقت تجهيز الدروس التنموية من أجل الالقاء ليس كما كنت أريده، وبعد أن اقترح عليَّ أحد الأساتذة أن أحمل معي دفتراً صغيراً وقلماً وأكتب كل لحظة فيما أنا مشغول به سواء مدة الذهاب خارج البيت، أو مدة أكل الطعام، أو أي شيء آخر, وبعد 14 يوم حصل لي علم فيما كنتُ أقضي أوقاتي وكم كانت هناك أشياء تلهيني وتبعدني عن هدفي، وأحد الأشياء كانت هي الجوال، فالجوال يسرق منا أوقاتاً كثيرة جداً، ومن غير أن نحس بذلك أبداً، وبعد أن قمتُ بإدارة أوقاتي على الجوال ووضع أوقات خاصة له، وبمدة معينة، وبرمجة بعض الأمور الأخرى بدأت برؤية فراغات كثيرة لديَّ أستطيع أن أستغلها في حياتي العملية.

يا لها من فكرة، لقد سبب هذا الأمر حتى أعيد النظر في كثير من الانتخابات والقرارات اليومية التي أتخذها من غير وعي، والتي تسبب في كثير من الأحيان إتلاف وقتي.

تسجيل اللحظات لمدة 14 يوم، ثبت في دماغي وعياً جديداً، وشكَّل عندي مجموعة جديدة من القرارات والانتخابات، وبناءً على تشكل التصرفات المحسنة من ذلك الوعي، عرفتُ أنني أصبحت حساساً وفعالاً أكثر تجاه الوقت، وعيَّنتُ أولوياتي وبدأتُ أضع وقتاً أكثر من أجلها، وعيَّنت الأماكن التي كانت تستنزف وقتي وعالجتها.

والأروع هو أنني كنت أستمتع «باللعب مع الوقت» فالآن أستطيع أن أعرف أين كنتُ أبذل أوقاتي وأين يجب أن أبذلها الآن، فحينما كنت أريد أن أقدم على فعل ما بعد تأمل، وبعد سؤال نفسي: «هل تريد أن تستهلك وقتاً في هذا

الشيء؟»

كنتُ أقدم عليه كل لحظة، وكل فعل له أهمية كثيرة في وقتنا الثمين فنحن نعيش مرة واحدة فلماذا نستهلك ساعات حياتنا في أشياء لا تستحق هذا؟ ضع أثرك في هذه الحياة كيف تحب أن يذكروك حينما تنتهي مدة إقامتك على هذا الكوكب؟

تمرين التسجيل زاد من وعيي تجاه تصرفاتي مع «الوقت»، وفي الواقع هذا التمرين كان مؤثراً في زيادة وعيي تجاه تصرفاتي إلى درجة أنني استعملته مرات عديدة لتحسين تصرفات أخرى لدي.

14 يوم كان كفيلاً للكشف عن الكثير من الأمور وجعلني شفافاً مع نفسي، فتسجيل اللحظات لكي نكتشف فيما نستعمل وقتنا لمدة 14 يوماً سيكون جيداً، لكن إذا أردنا أن نعرف فيما نصرف أموالنا قد يحتاج منا 30 يوماً لكي نعرف بالضبط أين تذهب أموال العمل، ويمكن تطبيق هذه الاستراتيجية في «ما هي المدة التي أخصصها للعائلة»، و«المدة التي نقضيها في الرياضة»، و«المدة التي نطور فيها مهاراتنا الجديدة»... الخ.

تسجيل الوقائع، تمرين بسيط وسهل وهو عملي لأنه يعطيك وعياً تجاه ذلك القسم الذي تريد أن تطوره من حياتك، وسيزيد من وعيك لحظة بالحظة.

وأنت ستندهش من مشاهدتك لتصرفاتك التي كتبتها، ولا تستطيع إدارة أو تنمية أي شيء إلا إذا استطعت أن تقيسه وذلك بالكتابة، كما أنك لا تستطيع أن تستفاد من جميع طاقاتك وإمكانياتك إلا إذا كان لديك وعي كامل بتصرفاتك وكنت تتحمل مسؤوليتها كاملة.

الرياضيين الناجحين لديهم العلم بإحصائاتهم ويهتمون بما قد سجل عن نتائجهم وطبقاً لذلك الإحصاء يحسِّنون من أفعالهم لكي يحصلوا على نتائج أفضل ومن ثم على عقود أفضل.

إبدأ ببطء

لا تتوتروا، سنبدأ ببطء كل الذي عليكم هو أن تنتخبوا إحدى الجوانب التي تميلون لتحسينها وتسجيل وقائعها لمدة 7 أيام، وانتخبوا الجانب الذي يؤثر عليكم التأثير الأكبر.

وبعد أن لمست ثمرة هذا التسجيل سترغب بتسجيل الجوانب الأخرى من حياتك بهدف أن تحصل على الوعي من تصرفاتك في ذلك الجانب وتحسنها أيضاً!.

تخيل أنك انتخبت أن تسيطر على ما تأكله لأنك تريد أن تنقص من وزنك، فالذي عليك أن تفعله هو أن تسجل أي شيء يدخل في فمك، من البيتزا، والكباب، والسلطة إلى تلك الانتخابات الصغيرة كالشبس الذي تأكله في فترة الاستراحة والقطعة الاضافية من الفلافل و.. و لا تنسى العصائر و المشروبات الأخرى التي تشربها.

سجلوها جميعاً إذا لم تسجلوها لأنها صغيرة وجزئية جداً في الظاهر ستنساها بكل بساطة، مجدداً نقول أن كتابة هذه الموارد قد تكون بسيطة لكنها ليست كذلك إلا إذا بدأت فعلاً بالتسجيل ولهذا وقبل أن نستكمل هذا البحث دعنا نبدأ ونبادر في هذا التمرين.

مبادرة:

أنا ______ سأبدأ تسجيل الأحداث المرتبطة بـ ______

في اليوم ______ «يوم/شهر/سنة» لكي أعرف نتائجي وأحسِّنها.

كيف يجب أن يكون التسجيل؟

....

....

....

يجب أن يكون كاملاً وشاملاً وبالتأكيد منظم ومستمر من غير أي توقف، وفي كل يوم جديد أكتب تاريخ ذلك اليوم فوق الصفحة الجديدة وأبدأ بتسجيل الأحداث.

بعد الانتهاء من أول أسبوع ماذا سيحدث يا ترى؟

على الغالب ستكون منبهراً من كميَّة السعرات الحرارية، والوقت، والمال الذي لم تكن ملتفت لها فأنت لم تكن تعرف أن لها أي وجود خارجي.

وبعد مضي أسبوع تبدأ شيئاً فشيئاً بمعرفة ذلك الجانب والاختيارات التي قمتَ من أجلها لكن إذا كنت تريد أن تحصل على استقراء أتم ونتائج أشمل عليك أن تستمر عليه لمدة 7 أيام أكثر على الأقل لكي تستمر في عملية تسجيل تصرفاتك وأنت بعد أسبوع من بدء هذه العملية ستكون متحمساً أكثر بكثير من البداية بعد أن رأيت تلك النتائج الرائعة.

هذه حياتك أنت انتخب كيف تكون فأنا من جانبي أريك الطريق وأنت تنتخب إذا ما كنت ستعطي فرصة لنفسك أو لا، فأنا لن آتي وإملأ حسابك في البنك، أو اخفي تلك الدهون من حول خاصرتك، أو أحسن من علاقتك العاطفية، لكن كل ما في الأمر أريك هذا الطريق الذي سيساعدك ويجعلك واضحاً مع نفسك، فالبدأ بهذا التمرين، وهو طريق لكي ينمِّي من مستواك الحالي، وتنعم بحياة فعالة أكثر.

عد نفسك أنك ستبدأ بالتطبيق وسوف تسجِّل في «الدفتر أو الجوال» كل شيء ولو صغير جداً.

وبعد أن انتهت كل تلك المدة، وتنظر إلى كل نتائجك حينها ستبدأ بإعادة النظر حول أي انتخاب تريد القيام به والذي يكون مرتبطاً بذلك الجانب الذي كنت تسجله وتبدأ بالتفكير وتسأل نفسك هل أريد حقاً أن أفعل هذا؟

وهكذا تبدأ بالاصلاح تصرفاً بعد تصرف فأنت الآن واعي وعالم وسوف تنتخب انتخابات أفضل وكل هذا بدأ حينما بدأت بالتسجيل والكتابة لكل تصرفاتك.

الأبطال المفقودون

حينما تبدأ بتوثيق لحظات حياتك، فكما تبدأ بالتركيز على الأمور الصغيرة التي تفعلها بالشكل الصحيح تبدأ بالتركيز بنفس المقدار على الأمور الصغيرة التي لا تفعلها بالشكل الصحيح، وعندما تنتخب أن تصلح حتى أبسط وأصغر الأمور في طريقك وبصورة مستمرة، بعد مدة سترى نتائج مدهشة في حياتك، لكن لا تنتظر أن يرى الآخرون هذه التغييرات مباشرةً، فعندما نتكلم عن التغييرات الصغيرة فنحن نتكلم عن أمور غير قابلة للرؤية وقد لا يستطيع أحد مشاهدة هذه التغييرات الآن ولن يكون هناك شخص يشجعك، أو يبعث لك باقة ورد من أجل جهدك وتغييراتك لكن باجتماع هذه التغييرات الصغيرة نحصل على نتائج فريده فهذه الأشياء الصغيرة هي التي ينتج منها أموراً كبيرةً ومدهشةً.

كل الذي عليك أن تفعله هو أن في كل يوم عليك أن ترقّي من نفسك «تصرفك، نتائجك، مكسبك، أو أي شيء آخر» بمقدار 0.1% «أي بمقدار واحد من ألف» وتجعله أفضل من اليوم الذي سبق، وتستطيع أن لا تحسب العطل في آخر الأسبوع أيضاً، وفقط بمقدار 0.1% تتصور أنك تستطيع أن تأتي بمثل هذا الأمر؟ بالتأكيد الجميع يستطيعون ذلك فهو في غاية البساطة والسهولة.

إذا كنت في كل يوم تذهب إلى العمل فعلت مثل هذا الأمر في نهاية كل أسبوع تكون قد تحسنت بمقدار 0,5% وفي نهاية الشهر 2% وفي نهاية السنة تكون قد تحسنت بنسبة 26%.

أليس مذهلاً؟ ليس عليك أن تبذل جهداً كبيراً، أو أن تعمل مقداراً مضاعفاً لكن كل الذي عليك أن تفعله هو أن تتحسن بمقدار 0.1% .

وتذكر دائماً أن المكان الذي أنت فيه حالياً هو نتيجة أعمال وأفعال سابقة قد فعلتها، وأما المكان الذي ستكون عليه في المستقبل، فهو مرتبط تماماً بأن تنتخب من الآن فصاعداً من هو الشخص الذي تريد أن تكون عليه.

قاتل السعادة

وبالنهاية أريد أن أذكر لكم هذه النقطة المهمة، وهي التي تفسد علينا سعادتنا بالكامل وهي قياس أنفسنا بالغير.

تريد أن تبدأ بتنمية نفسك أو عملك فإن من الغلط الفظيع أن نقيس بداية أنفسنا مع نهاية ونتيجة غيرنا.

أن تنتخب وتجعل نفسك في مقابل الآخرين فهذا لا يزيد من سعادتك بل يزيد من تعاستك.

نحن ننظر إلى ظاهر حياة الأشخاص الناجحين، ومن ثم نبدأ بمقايستهم مع أنفسنا ولا نعلم كم هم عانوا حتى وصلوا إلى ما وصلوا إليه، ونحن فقط ننظر إلى الظاهر لا علم لنا بالباطن، وليس من الصحيح أن نقيس ظواهر حياة الناس بباطن حياتنا الشخصية.

فمثلما يتم رؤيتك على أنك إنسان من غير أي مشكلة في الحياة، والحال أنهم لا يستطيعون أن يروا ما يدور فعلاً في بيتكم، كذلك أنت لا تعلم ما الذي دار ويدور في حياتهم!

والذين يستمرون بقياس أنفسهم مع الغير يستمرون أيضاً بتقليل تقديرهم الذاتي «تستطيعون قراءة الكتيب الالكتروني عن تقدير الذات الذي وضعناه في قسم الهدايا»

الرابط: https://mmaash.com/**bookgifts/**

فأنت شخص مختلف عن ذلك الشخص مع امكانيات وظروف مختلفة ولديك الحق بأن تكون سعيداً لكن وبهذا التصرف تسلب من نفسك هذا الحق وتبدأ بعدم رؤية الأشياء التي تملكها بالفعل والتي بواسطتها تستطيع أن تذهب أبعد بكثير من ذلك الشخص إذا استخدمتها صحيحاً.

أنت كياقوتة ثمينة ولكن حينما تبدأ بعملية مقايستك مع ابن عمك، وابن خالتك يأتي غبار المقايسة على تلك الياقوتة اللماعة ومن ثم تفقد ذلك البريق الذي كان لديها، فالجوهرة لا زالت ثمينة لكن لا تستطيع رؤيتها من الغبار المتراكم عليها.

نرتكب خطاءً ومن ثم نأتي مباشرةً بنتيجة أحد الناس وتقول لنفسك: انظر فلان لقد نجح لكنك لم تنجح، يا للّهول كم أنا فاشل أف .. كلا لن أفعلها من جديد فليس لدي قدرته ألا ترى؟..

اهدأ يا صديقي، اسمع ولك أن تقبل أو لا تقبل: هذا من جمال أن تكون إنساناً فنحن لسنا موجودات معصومة قد نخطئ بل كثيراً ما نخطئ لكن المشكلة ليست في الخطأ نفسه بل في عدم التعلم منه، وبالتعلم منه نستمر في التطور، وكم هناك من أناس فشلوا لكن استمروا ثم استمروا حتى وصلوا لتلك النتيجة التي كانوا يتمنوها وأنت الآن منبهر بها.

إن جعل الآخرين مرآة لمقدار نجاحنا وثروتنا وسعادتنا وعلاقاتنا الاجتماعية هو انتخاب طريق بعكس اتجاه السعادة تماماً.

ها هي مشكلتنا الآن: إن مجتمعنا اليوم من خلال الأعاجيب التي تفعلها ثقافة الاستهلاك ورسائل من قبيل « انظر.. حياتي أجمل من حياتك» التي تمطرنا بها في التواصل الاجتماعي وحيث نبدأ وننظر فقط إلى الحياة الجميلة التي يمتلكها الغير وفي المقابل نبدأ لا شعوريا بمقارنة حياتنا مع حياتهم ولكن بالطبع فمَنْ يا ترى يأتي ويشارك اللحظة السيئة والتعيسة في حياته في التواصل الاجتماعي؟ بل كل ما نراه أن الجميع ينشر عن المطاعم، والسفر، والسيارات الخ.. فعندما تنظر إلى الانستغرام تجد أن كل شخص في العالم يعيش وقتاً رائعاً!

انظر لقد تزوج ستة أشخاص هذا الأسبوع! وكل يوم يسافر إلى مكان جديد، فتى لا يتجاوز العشرين سنة أصبح رجل أعمال وهو يظهر على التلفاز، وفتاة حصلت على سيارة فاخرة من زوجها بمناسبة عيد ميلادها.

أما أنت فجالس تأكل الأندومي وتغسل الأطباق في البيت، لا يمكنك التفكير عند ذلك إلا في أن حياتك بائسة، بل أنك تراها بائسة أكثر مما كنت تظن.

في العصور الماضية، حينما كان أجدادنا يمرون بحالة سيئة، يقول أحدهم في نفسه بعد أن حلب بعض الأبقار: تباً لقد تعبتُ من كل هذا! أشعر اليوم كما لو أنني بيضة متعفنة لا أكثر، ثم ماذا؟ أظن أن الحياة هي هكذا، فالأعد إلى حلب الحليب.

وأما نحن فماذا لدينا الآن؟ فالآن إذا انتابك شعور سيء تجاه نفسك ولو لمدة خمس دقائق فقط، فإنك تجد نفسك على الفور أمام مئات الصور لأشخاص سعداء تماماً يعيشون حياة مدهشة إلى أقصى حد، ويبدأ القياس ويصبح من المستحيل أن تزيل عن نفسك الإحساس بأن هنالك بالتأكيد أشياء غير صحيحة فيك حتى أن وضعك هو أقل منهم.

تحقيق

البروفيسورة سانيا لبوميرسكي[1] استاذة جامعة UCR قامت بتحقيق مبهر جدا، وهذا التحقيق كان يطلب من أي شخص كان يريد أن يشارك فيه، أن يعتقد أنه أسعد من معدل الجامعة، أو أنه أتعس من معدل الجامعة، ويعرف شخصين آخرين تستطيع أن تسأل هذه المحققة منهم عدة أسئلة تتأكد من هذا الأمر.

ومن ضمن جميع المشاركين استطاعت سانيا لبوميرسكي جمع 120 شخص كانوا يعتقدون أنهم أسعد أو أتعس من معدل الجامعة وبشاهدة الغير.

ومن ثم جُمِع الأشخاص في مكان واحد ووزع عليهم مجموعة أسئلة لكي يجيبوا عليها، وقد كانت هنالك بعض الأسئلة وهمية وبعض الأسئلة مختصة بالتحقيق، والسؤال الذي كان مرتبط بالتحقيق كان عبارة عن: أنت في حياتك اليومية والطبيعية كيف تقارن نفسك:

1 -تقارن نفسك مع الشخص الذي هو بمستواك؟

2 - تقارن نفسك مع الأشخاص الذي هم أقل مستوى منك؟

3 - تقارن نفسك مع الأشخاص الذين هم أنجح وأفضل منك؟

وجميع تلك الأسئلة يتم الاجابة عليها في غضون 10 دقائق، لكن وبعد انقضاء المدة وتسليم الكثير من الأشخاص أوراقهم بقي هناك قسم من الطلاب بقوا في الغرفة محدقين في الورقة متحيرين أتى المحقق وسألهم ما الذي يحدث؟ فأجاب أحد المشاركين في التحقيق: على الظاهر بأن هناك إما خطأ مطبعي في السؤال وإما هناك كلمة قد حذفت منه فأنا لا أفهم معنى السؤال..

(1) Sonja lyubomirsky

لماذا أنا متخلف؟

المحقق: السؤال واضح كيف تقارن نفسك؟ ما الذي لا تفهمه؟

المشارك: أقارن بماذا؟ المحقق: ألا تعرف كيف تقارن؟ المشارك: أقارن لكي يحدث ماذا؟!

المجموعة التي بقيت كانوا جميعهم لديهم نفس المشكلة فقد لم يفهوموا ذلك السؤال أبداً أي أنهم لم يكونوا يقارنون أنفسهم مع الأفضل، أو الأدنى، أو الذي بمستواهم.

وجميع تلك المجموعة التي كانت متبقية، هي المجموعة التي قال الغير وقالت أنها سعيدة أكثر من معدل الجامعة!

وعندما اطلعت ليبومرسكي على النتائج اندهشت وذكرت هذا التحقيق على انه «My first eye-opner research»

فهم لم يروا أي أهمية لمثل هذا العمل فكل واحد منهم لديه حياته الخاصة فالشخص السعيد يقيس نفسه مع نفسه، يقيس نفسه مع برامجه، يقيس نفسه مع أهدافه، يقيس نفسه مع امكانياته.

قس نفسك مع نفسك

انظر إلى وضعيتك في الأسبوع الماضي، والشهر الماضي، ما الذي تطور، وما الذي حصل مختلفا هذه المرة؟ هذه المقايسة هي المقايسة الصحيحة، والايجابية، وهي أن تقس ظروفك مع نفسك، وأن تحاول أن تكون أفضل ما يمكن أن تكون عليه وحينها سيزداد الحماس في نفسك أكثر وأكبر وتتلذذ بحياتك.

لا يمكن أن نتوقع من النمر أن يطير أو أن يخرج الحوت من البحر إلى اليابسة فكل قد خلق لشيء وكل واحد منهم لديه طاقات وظروف مختلفة.

إذا كنت تفعل هذا سابقاً لا بأس، لكن من الآن قرر أن لا تكمل هذا

الطريق فأنت تستنزف كل طاقة ذلك اليوم عبر القياس، وتصبح كالسيارة التي عجلاتها فارغة من الهواء، لماذا تقارن نفسك مع صديقك؟ صديقك لديه ظروف خاصة به وأنت لديك ظروف خاصة بك، إذا كنتَ فعلاً تريد أن تقيس نفسك مع صديقك فعليك أن تأتي بصديقك في ظروفك أنت ومن ثم تنظر إلى النتائج.

هدفك أن تحصل على راحة نفسية وسعادة في الحياة؟

اعلم بأن مع هذه الطريقة لن تقربك إلى ذلك الهدف بل ستبعدك عن طريق السعادة وهذه إهانة لنفسك أن تقيس نفسك مع الآخرين فأنت مميز لقد خلق اللّه شخص واحد بمثل امكاناتك ومميزاتك، هناك فرصة واحدة من بين 300 ألف بليون فرصة أن تولد أنت بالذات وبهذه الصفات الوراثية، اعشق نفسك وإبدأ بالتركيز على حياتك لكي تنظر إلى حقيقة الطاقات والامكانات التي كانت مخفية فيك.

الشمس والقمر مشعان لكن لكل منهما وقته الخاص

قال سبحانه تعالى: ﴿لَا ٱلشَّمۡسُ يَنۢبَغِي لَهَآ أَن تُدۡرِكَ ٱلۡقَمَرَ وَلَا ٱلَّيۡلُ سَابِقُ ٱلنَّهَارِۚ وَكُلّٞ فِي فَلَكٖ يَسۡبَحُونَ﴾[1]

(1) سورة يس: 40

الخلاصة

لماذا أنا متخلف؟
أهلاً بك في عالم التخلف
آراء الناس
تحديث النظام
هل ستأكلها؟
ليس لدي وقت للتبرير
أنت في وسط الأعصار
الأولويات
الإهمال
اصنع نفسك بنفسك
الثقة بالنفس
المسار العصبي
العقول الثلاثة والتغيير
الإنتخاب
الوعي بالإنتخابات
السلاح السري
قاتل السعادة
كيفية عمل جهاز التحكم
الأشخاص الذين حولك
تحمل المسؤولية
حجر أو ذهب؟
السيطرة على الغضب

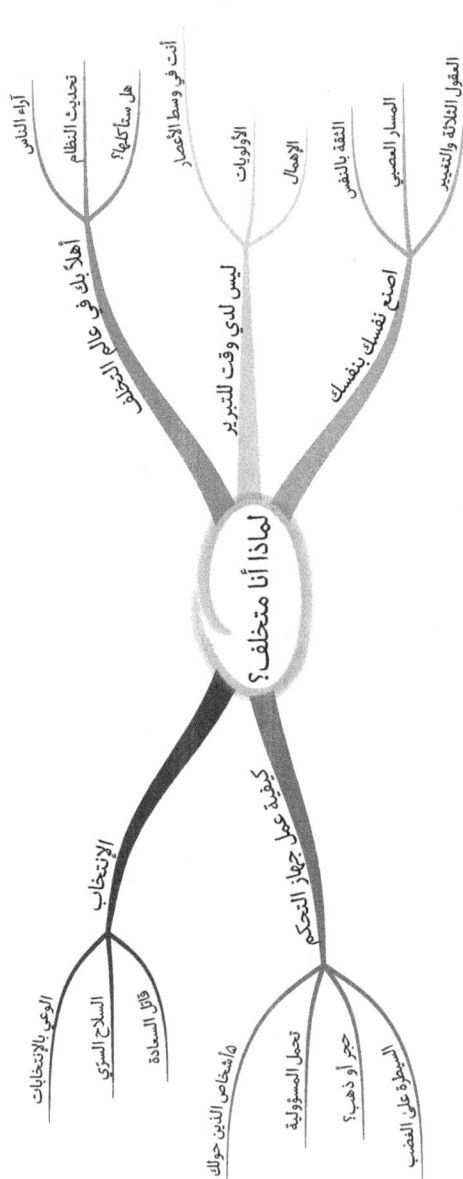

الحديث الأخير

شكراً لكم وأبارك لكم بشدة على هذا الانجاز ووضعك وقتاً من أجل تنمية نفسك وإنهائك هذا الكتاب والذي هو خطوة للأمام في حياتك - بإذن اللّٰه تعالى - وبدل أن تتذمر للظروف الحالية التي تمر بها قررتَ أن تجري بعض التغييرات.

اسمحوا لأنفسكم أن يكون اليوم هو اليوم الذي تودِّعون فيه تلك الشخصية القديمة منكم وذلك لكي تصلوا للشيء الذي أنتم جديرون به فعلاً في هذه الحياة.

وأنا دائماً أرحب وأعشق الارتباط مع الأشخاص الذين لديهم توجه كتوجهي الذين قد تم وصول هذه المعلومات إليهم ويريدون أن يجعلوا العالم مكانا أجمل للعيش فيه.

إذا كان عندكم أي ملاحظة تساعدنا لكي نحسِّن هذا الكتاب في الطبعات القادمة سنكون ممتنين للغاية حيث أرغب أن أرى كيف يمكنني أن أضيف قيمة أكثر لحياتكم الفريدة.

الرابط: https://mmaash.com/**sugg/**

ونتمنى أن تكون - أنت عزيزي - من ضمن الأشخاص الذي يطبِّق هذه المعلومات، ولا تكون مجرد قارئ فنحن مشتاقون جداً لكي نسمع قصص نجاحكم التي تشاركونا فيها.

عبر :

الايميل: Mohammadmaash7@gmail

الانستاغرام : @m_maash

دعوني أشارككم إحدى قيمي والتي تزيد من حماسي، وهو حبي

لمساعدة الغير وإرشادهم حتى يصلوا إلى طريق السعادة، وينعموا بحياة أجمل، أمنيتي، أن أستطيع أن أضع تأثيراً إيجابياً في حياة الآخرين، ولكي أصل إلى هدفي أحتاج أن آخذكم معي، وأضعكم هناك، وحينما ترسلون تلك الرسالة وتخبروني بتلك النتائج الرائعة من تجاربكم حينها فقط سأعرف أنني قد وصلت إلى هدفي..

ولكن بقي لدي ملاحظتين أخيريتين:

موعدنا التالي: أنا على يقين أنه بعد عدة أشهر إذا رجعتَ إلى هذا الكتاب، فستلاحظ معلومات وكأنها لم تكن موجودة في المرة السابقة! فإذاً عيِّن الآن متى سيكون موعدنا القادم، متى سنلتقي مجدداً في هذا الكتاب؟ رجاءً أكتب التاريخ وحدد ذلك في تقويمك وشاهد النتيجة!.

زكاة العلم: أن لكل شيء زكاة، وزكاة العلم هو تعليمه للغير، ولكي تتعلم هذه المعلومات بدقة أكبر سيكون رائعاً إذا قمت وعلمت هذه المعلومات لشخص آخر تصحبه معك! فمع تعليمك للغير ستصبح هذا المعلومات عميقة أكثر في نفسك وتتحداها يا ترى هل فهمت تلك المعلومة بالطريقة الصحيحة؟ وبالتالي تستطيع تطبيق هذه المعلومات بصورة أفضل في حياتك وتجعل حياتك وحياة الآخرين أسعد وأجمل.

عن الإمام علي بن أبي طالب عليه السلام: «**زكاة العلم بذله لمستحقه وإجهاد النفس في العمل به**»[1].

والآن إبدأ بصنع تلك الحياة التي تريدها، لا تسكن وتتجمد في مكانك أبداً، اعمل فالعمل هو الذي سيغير حياتك لا شيء آخر، إبدأ من الآن بصناعة تلك الحياة التي تستحقها.

(1) غرر الحكم: 132

شكر وتقدير

الكتاب الذي بين أيديكم هو ليس نتيجة لجهودي الشخصية فقط بل كان هنالك الكثير من الأشخاص الذين ساعدوني في تطوير وتحسين الكتاب و أرى من الواجب أن اذكر هؤلاء الأعزاء هنا.

أبي وأمي

شكرا لأبي وأمي الغالين لكل الجهود التي بذلوها لي وتشجيعهم الذي لم يتركني لأي لحظة، دعاؤهم هو سري الصغير في تحقيق كل هذه الأمور.

المحررون

كل الشكر والتقدير للسيد مصطفى نصراللّه والشيخ حسين كريمو اللذان بجهودهما أصلحا وحسنا من الكتاب بكل دقة وتمعن لكي يصل الكتاب الى ما وصل إليه.

مصمم الغلاف

كل الشكر والتقدير للخلوق المصمم السيد هيثم يوسف على تصميمه وجهده من أجل غلاف الكتاب والذي قد صمم الكتاب بكل محبة وذوق.

البروفيسور محمد شاكر الربيعي

شكر خاص للدكتور الغالي من أجل الجهود الفريدة التي بذلها من أجل الكتاب.

محمد رضا معاش

الحبيب الذي دعمني واعانني في انهاء هذا الكتاب فكان لي خير صديق واخ فكل الشكر والتقدير لتواجده معي في هذه الرحلة.

الاستاذة منير جغيني

الاستاذة التي اتمنى أن أراها في أعلى قمم النجاح والتي ساعدتني كثيراً في مراحل تحسين الكتاب.

وشكراً..

لجميع الأشخاص الذين ساعدوني بتحسين وتطوير الكتاب والذي اذا أردت أن اذكر أسمائهم هنا لكان يتطلب مني أن اكتب كتابا آخر لذا ومن هنا أشكرهم جميعا واحمد اللّه لتواجدهم في حياتي.

المصادر

+ بحار الانوار
+ الكافي
+ نهج البلاغة
+ القران الكريم
+ غرر الحكم

+Glasser, Dr. William. Choice Theory: Choosing The Life You Want to Live and Staying Close to The Peopole You Need. Amazon

+Chip Heath, Dan Heath. Switch: How to Change Things When Change is Hard. Penguin random house

+Adams, Marilee. Change Your Questions Change Your Life: 12 Powerful Tools for Leadership, Coaching, and Life. Penguin random house

+Kiyosaki, Robert. Rich Dad Poor Dad: What The Rich Teach Their Kids About Money That The Poor and The Middle Class Do Not! Amazon

+Horn, Sam. Tongue Fu!: How to Deflect, Disarm, and Defuse Any Verbal Conflict. Amazon

+Ellis, Albert. How to Keep People from Pushing Your Bottons. Amazon

+Manson, Mark. The Subtle Art of Not Giving a ****: A Count erintuitive Approach to Living a Good Life. Amazon

+Carnegie, Dale. How to Enjoy Your Life and Your Job: Selections from How to Win Friends and Influence People and How to Stop Worrying and Start Living. Amazon

+Elrod, Hal. The Miracle Morning: The not-so-Obvious Secret Guaranteed to Transform Your Life. Amazon

+Tracy, Brian. Eat That Frog!: 21 Great Ways to Stop Procrastinating and Get More Done in Less. Amazon

+Branden, Nathaniel. The Psychology of self-Esteem: A Revolutionary Approach to Self-Esteem Understanding that Launched a New Era in Modern Psychology. Amazon

+Suzette Haden Elgin. How to Disagree Without Being Disagreeable: Getting Your Point Across With the Gentle Art of Verbal Self-Defense. Amazon

+Bowden, Mark. Tame The Primitive Brain: 28 Ways in 28 Days to Manage the Most Impulsive Behaviors at Work. Amazon

etc

الملاحظات

الملاحظات

الملاحظات

الملاحظات